U0933703

现代化进程中滑雪运动的发展研究

伊　诺/著

中国商业出版社

图书在版编目（CIP）数据

现代化进程中滑雪运动的发展研究 / 伊诺著 . -- 北京 : 中国商业出版社 , 2021.11

ISBN 978-7-5208-1868-1

Ⅰ . ①现… Ⅱ . ①伊… Ⅲ . ①雪上运动 – 研究 Ⅳ . ① G863.1

中国版本图书馆 CIP 数据核字（2021）第 221720 号

责任编辑：吴　倩

中国商业出版社出版发行

（www.zgsycb.com　100053　北京广安门内报国寺 1 号）

总编室：010–63180647　编辑室：010–83128926

发行部：010–83120835/8286

新华书店经销

三河市德贤弘印务有限公司印刷

*

710 毫米 ×1000 毫米　16 开　9 印张　152 千字

2022 年 4 月第 1 版　2022 年 4 月第 1 次印刷

定价：80.00 元

* * * *

前　言

滑雪运动是一项历史悠久的户外运动项目。历史上，滑雪运动是人类冬季出行十分常见又惯用的生活方式。滑雪运动多产生在冬季寒冷多雪的地区，具有较强的区域性、季节性等特点。追溯历史，滑雪运动可以分为北欧起源说和亚洲起源两大类。主张北欧说者认为挪威是滑雪运动的发源地，而关于亚洲的学说可以追溯到距今8000年前的中国阿勒泰地区。两种学说在学界并未达成共识，但客观上证实了自然环境对滑雪运动发展的重要作用。

自工业革命开始，现代化正式启动，由工业领域向其他多领域渗透。在这一进程中，场地、装备、产业等现代要素不断涌现，滑雪运动发展逐具现代性特征。率先进行现代化的欧美强国，是最先发展滑雪运动的区域，也成为当下集竞技、赛事、产业等多领域发展的冰雪运动强国。同为历史发源地，我国现代滑雪运动发展始于上世纪80年代，东北地区凭借资源和政策优势最先发展冰雪运动，但与世界冰雪强国相比，无论在规模还是发展水平上都存在不小的差距。

现代化概念的引入，一定程度上解释了同一历史现象的差异化发展路径，也验证了滑雪与现代化发展之间的关联。现代化进程中，先发国家的滑雪运动发展进程大体反映出滑雪运动的整体走势，而不同阶段的发展形态也将为后发区域提供借鉴。当前，我国迎来了现代化和冬奥会发展的双重契机，滑雪运动发展势必进入新阶段，我国也将成为世界滑雪运动发展中的重要力量。

作　者

2021年9月

目　录

1 绪 论

1.1 研究目的及意义

1.1.1 研究目的

现代化是人类社会中不断更替发展的历程，是在社会、政治、经济、文化等多领域发生的社会变革。工业化、民主化、城市化等经常被视为现代化，但究其根本都只是现代化的一个发展过程。现代化是不同领域逐步拓展、发生范围不断扩大的过程。现代化肇始于西欧，逐步向北美大陆传播发展，后向亚、非、拉美等全球范围扩展。以欧美国家引领的这场社会变革奠定了其领先地位，也带动了后发国家或地区逐步学习赶超的发展趋势。先发国家的引领、后发国家或地区的追赶是推动现代化进程持续发展的动力。

与之路径相似，现代体育发展也经过了从欧洲发展向北美传播的过程，并形成了以欧美为代表的现代体育运动体系。英国人引领的户外运动掀起了现代体育发展的开篇，而户外项目中的滑雪运动也是其涉及的重要活动。纵观世界滑雪运动发展格局，欧美国家是滑雪运动发展的核心地带，也是世界现代化发展的领军国家，不可否认现代体育乃至滑雪运动发展一直处于欧美国家现代化进程之中。现代化是一个历史进程，世界各国的发展水平和状况仍具差异，世界范围内滑雪运动也是如此。对欧美国家滑雪运动发展的回顾不是一个历史性的梳理，而是对处于不同现代化水平国家、区域发展规律的总结。所以，在现代化理论视域下探索滑雪运动的发展规律是本书日的所在，而滑雪运动的发展是否与现代化发展水平具有地域上的同步性，及与现代化之间存在哪些关联？滑雪运动先发、后发国家或区域间的追赶与借鉴是本书的立足点。

1.1.2 研究意义

我国滑雪运动具有悠久的历史，最早出现在新疆的阿勒泰地区。我国领先于西方起源却始终未能成为滑雪运动强国，在滑雪运动发展上也一直滞后于欧美。自1959年第一届冬运会以来，我国滑雪运动发展一直局限于吉林、黑龙江两地。从滑雪运动的引入到滑雪市场的发展，我国长期以来依赖外国经验并服务于竞技比赛，始终未能形成大众参与的发展趋势。直到2015年我国成功申办冬奥会，自此我国大众滑雪热情不断高涨，滑雪运动才为大众所知。相关数据显示，自2015年我国成功申办冬奥会以来，我国滑雪人数和滑雪场数量持续攀升，滑雪人数从2015年的1250人次上升到2017年的1750人次，滑雪场数量从2015的568家增加至2017年703家。2017—2018年全国滑雪旅游客源地排名前四位的分别是北京、上海、哈尔滨、吉林，除冰雪大省外，现代化水平最高区域已经成为最重要的参与群体，这一趋势与欧美国家地区滑雪运动发展初期的现象不谋而合。

相较于西方国家，我国现代化建设落后近百年，与第一届冬奥会的举办更是相差两个世纪。尽管我国部分地区的现代化水平已进入发达国家水平，但我国滑雪市场仍处于初级发展阶段。实现滑雪运动的快速发展已关系到我国滑雪市场的发展，更是落实“三亿人上冰雪”的关键。处于不同阶段、不同社会形态的国家，实现现代化的方式也各有差异，不同要素促进下的滑雪运动形态也各不相同。现代化将不同国家统一在其进程之中，而国家发展差异则促成了滑雪运动的发展规律。对我国而言，滑雪运动发展中稍显滞后，但跳不出滑雪运动发展的总体轨迹。对欧美国家滑雪运动的研究，是不同阶段现代化与滑雪运动关系的定位，是摸清不同国家、区域发展规律的关键。在先发与后发、追赶与发展不断互动的关系中，欧美国家将为我国滑雪运动发展提供丰富经验，也为处理我国先发与后发区域之间的关系提供发展思路。

1.2 研究思路

本书主要围绕“现代化”与“滑雪运动发展”这两个核心问题进行讨论，以现代化进程从欧洲兴起向北美传播的发展过程为线索，通过现代化与滑雪运动的互动关系，探寻滑雪运动的发展趋势。

本书在结合现代化研究理论的基础上，以政治、经济、文化、社会、生态多领域为重点，以第二次现代化理论为参考，探讨现代化过程中关键领域对滑雪运动的影响。滑雪运动涉及范围宽泛，本书只是对重要趋势进行描述总结，而不是对滑雪市场、滑雪参与、滑雪管理等阶段性产物及所有内容进行全面概括。其中对欧美国家的研究是对于先进地区重要特征的描述，不是否定其他的国家或地区滑雪运动的发展动态，更不是割裂滑雪运动的发展轨迹。

现代化是多领域、多要素促成的结果，其发展具有复杂性和长期性。无论是发展模式还是发展要素的差异，现代化可以分先发、后发两大类。而从现代体育运动的发展来看，欧美国家的体系建立也是一种传播继承的关系。本书的研究主要涉及以下层面：①研究滑雪运动的发展进程；②现代化发展与滑雪运动的发展；③不同现代化要素的组合与滑雪运动的走势；④滑雪运动的先发、后发的国家或地区之间具有继承和发展的规律；⑤现代化进程中滑雪运动发展规律对我国启示。

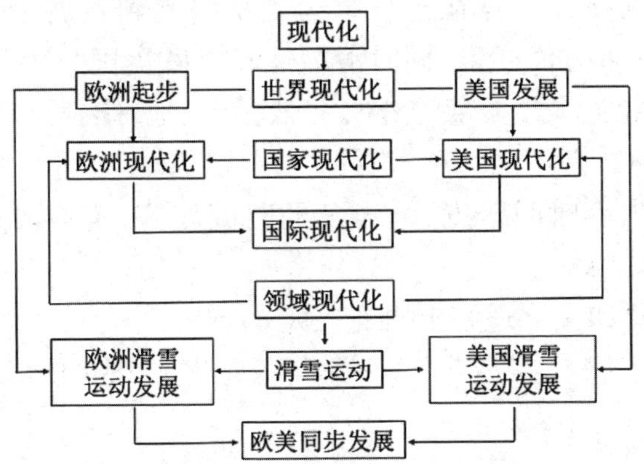

图 1-1 现代化与滑雪运动的互动

1.3 研究创新点和难点

1.3.1 研究创新点

1.3.1.1 研究视角创新

本书是以滑雪运动历史发展为脉络，以社会学研究视角，分析滑雪运动与现代化之间的关联性。这是将滑雪运动置于综合性学科的大环境下，探寻滑雪运动发展的背后决定要素。这样多学科交叉的研究视角在理论上具有一定的创新价值。

1.3.1.2 跨文化创新

我国对滑雪运动的研究多基于对本国滑雪运动现状和项目的分析，极少涉及对外国滑雪运动的研究。本书对欧美国家滑雪运动的研究，是追根溯源研究滑雪运动发展进程，这种跨文化的研究范式和研究成果能够弥补学术领域对于欧美滑雪运动的研究不足。

1.3.2 研究难点

（1）本书的研究难点在于滑雪运动从兴起到发展是一个长期的过程，涉及社会的多方面要素，同时滑雪运动是欧美国家主导的运动。

（2）研究主要涉及大量的外文文献、外国地理名称以及与滑雪运动相关的外文名称。

（3）研究内容时间跨度大，涉及的范围较广，资料的选取和收集难度较大。

（4）在翻译和文化理解上具有一定的难度。

（5）现代化理论内容庞杂，不同学科各有侧重，理论使用难度增加。

2 研究综述

2.1 欧美国家滑雪运动发展综述

滑雪运动历史悠久，西伯利亚地区、我国的阿勒泰等地区都出现过人们用原始雪板出行的记载。19 世纪挪威人在泰勒马克地区发明了最传统的滑雪运动方式。[①] 对于滑雪运动的起源，学术界仍有争议。单兆鉴通过整理和研究各个地区的材料，论证了中国的阿勒泰地区是滑雪运动的起源地。日本札幌冬季运动博物馆的图展显示，阿勒泰地区是古代人类滑雪的发祥地；苏联 1980 年滑雪教科书中指出，普遍公认的最早采用滑雪板的是生活在西伯利亚地区从贝加尔湖到阿勒泰地区的人们。[②]

对滑雪运动起源的追溯其实质是对传统滑雪运动的讨论，对现代滑雪运动的讨论多集中在 19 世纪之后的欧美工业国家，主要可以大致分为三个阶段，即工业社会早期、“一战”到“二战”之间以及“二战”后滑雪运动的发展。

第一阶段：以滑雪运动为主体的历史学视角，分析工业社会早期滑雪运动的发展，主要集中于社会环境对滑雪运动的决定性作用的研究。从体育运动自身发展来看，罗兰・亨特福德认为，挪威特罗姆瑟史第一次发布的现代滑雪比赛的公告，标志着一个时代的开始。也就是说这不是军事活动，而是平民的日常生活方式，是为了娱乐。[③] 对于处在社会

---

① John Fry.The Story of Modern Skiing[M]. London:University of New England,2006.

② 单兆鉴.中国・阿勒泰国际古老滑雪文化论坛报告[M].北京：光明日报出版社，2015.

③ Roland Huntford. Two Planks and a Passion–The Dramatic History of Skiing[M]. MPG Books Ltd， Cornwall， Great Britain，2008.

运行中的滑雪运动而言，约翰·阿伦认为，社会模式尤其是工业社会对滑雪产生了深远的影响，城市文明发展促成了人们健康与滑雪的关系。直到南森横渡格陵兰岛，滑雪运动在欧洲掀起了热潮。① 一些学者将滑雪运动发展视为阶级统治的产物，伊夫·莫拉莱斯则认为上层阶级创办滑雪俱乐部是滑雪运动兴起的主要因素，新兴资产阶级担负起了民族塑造和公民培养的责任，滑雪运动被视为资产阶级培养合格公民的重要手段。塞巴斯蒂安认为，在"一战"前阿尔萨斯省滑雪运动竞技化发展过程中，新兴中产阶级具有一种向上层社会攀登的心态。② 布鲁道夫认为，1848—1945 年的体育、文化和政治有很强的相互关系。布鲁格认为身体文化、运动和政治具有密切联系，1848—1945 年奥地利西部、福拉尔贝格和蒂罗尔州的西部地区，尤其是阿尔贝格地区的体操俱乐部、高山俱乐部以及滑雪俱乐部，多受到率先接触滑雪运动的德国精英的左右，其政治倾向一定程度上渗透到了滑雪运动中。

第二阶段：在滑雪运动发展过程中，弱化对滑雪运动本身的研究，突出滑雪区域文化发展的跨文化视角。社会对滑雪运动的决定，开始转变为滑雪运动对区域文化的塑造。其中以美国滑雪区域发展的研究居多，其中多强调欧洲滑雪运动对其发展的影响。朱莉·贝瑞认为，美国西部滑雪产业的发展源于国际赛事和跨国活动，美国西部爱达荷州的滑雪度假胜地太阳谷在创立过程中受到了欧洲思想的影响，但美国人根据自己的发展思路对西部山脉进行了资本化运作、培植了国际产业。③ 同时，一些学者已经注意到滑雪运动本身对区域社会发展的作用，而阿斯彭许多本地人则希望进入滑雪创造的旅游驱动经济发展区域，并努力向上流阶层流动。④ 第二次世界大战，使得美国成为欧洲人最佳避风港，

---

① E·John B·Allen.The Culture and Sport of Skiing[M]. University of massachusetts press Amherst, 2007.

② Sé bastien Stumpp.Alsatian Ski clubs Between 1896 and 1914: An exploratory Evaluation of the role of employees in the German 'Sportization' of Skiing[J].The International Journal of the History of Sport. Vol. 27, March 2010, 658 - 674.

③ Julie Berry.Sun Valley' s Elite Beginnging: European Influence on the American Industry[D].Colorado State University, 2011.

④ Edward Duck Richey.Living It Up In Aspen: Post-War America, Ski Town Cclture, And The New Western Dream, 1945-1975[D].University of Colorado, 2006.

同时也促进了美国军事滑雪运动的发展。[①] 克里曼认为，文化和地理环境是塑造科罗拉多州滑雪产业的基础。[②]

另外，滑雪运动与社会领域之间的互动受到一些学者的关注。丹尼尔·赫里克认为，滑雪运动是一种文化景观塑造的过程。在环保主义影响下，滑雪产业开始发生变化，气候条件和自然类型决定了滑雪场的发展。其中，缆车、索道等现代化设施发展都是地域文化塑造的主要环节，也是影响环境的主要因素。约翰·佛雷认为，滑雪运动发展是个体、地域、技术、文化以及市场发展等多方面因素促成的结果。他认为个体的需求促成了滑雪运动从单一设备的冬季旅游休闲区域向市场导向明确的滑雪度假区的发展；在技术方面，滑雪技术在发展过程中逐步革新；在文化和市场方面，电影、报纸等传播媒介促进了不同地域滑雪运动的发展，而在不同区域文化的影响下滑雪市场发展也不尽相同。

第三阶段："二战"后滑雪运动发展成熟，滑雪运动逐步被滑雪市场、滑雪产业等经济学名词替代，滑雪运动形成了其衍生发展的独立体系，社会各领域服务滑雪运动发展，与之相关跨学科研究兴起。一些旅游、城市规划专业学者对滑雪周边环境进行研究。戴维·莱因认为，老龄化的趋势下，应该保持积极和健康的生活方式，而山区滑雪度假区已经成为理想去处。[③] 文章围绕房产转让、适用房规划等方面内容展开，其中惠斯勒、阿斯彭和韦尔等滑雪度假区的案例为本书提供了依据。查尔斯认为，滑雪度假区的合理规划至关重要，尤其是交通规划直接影响了滑雪者和滑雪区域之间的关系，有必要对滑雪地区交通进行合理规划，服务奥运会以及滑雪人群需求。[④] 文章中涉及了对于惠斯勒滑雪小镇发展的研究，通过交通设施的可持续发展还原了惠斯勒的发展，同时也对美国科罗拉多州等地的滑雪交通进行了梳理。张凌云、杨晶晶以旅游业为视角阐述的滑雪运动的发展，从滑雪旅游的国际市场、滑雪者的

---

① David Robert Witte. WORLD WAR II IN THE ROCKIES: THE CONSTRUCTION OF CAMP HALE, COLORADO[D]. University of Arkansas at Little Rock, 2010.

② Anne Gilbert Coleman.Culture, Landscape , and The Marking of the Colorado Ski Industry[D].University of Colorado, 1992.

③ Development Affordable Resident Housing in Ski resorts−Municipal Program and Policies for Whistler, British Columbia.University of Manitoba, 1998.

④ Charles T. Lingren.A Sustainable Transportation Initiative for Whistler, BC. UNIVERSITY OF CALGARY, 2005.

行为动机、滑雪场地的规划等梳理了滑雪旅游业的发展。[①]

同时，一些学者开始转向滑雪场地内部的研究，其实质是将滑雪场作为一个社会现象，对其包含的基础要素、市场发展等内容进行探讨。约翰·刘易斯在回顾南安大略省滑雪运动发展的同时，对南安大略省滑雪场的设施、坡度等硬件设施和环境进行了分析，并基于这些因素对滑雪场模式的发展趋势进行了分析。利纳雷斯回顾了美国滑雪运动的发展，认为美国滑雪产业的发展模式主要有停车收费模式，缆车收费模式以及停车、缆车收费相结合的模式三种。[②]

欧美滑雪运动的研究主要以欧美国家研究为主，是欧美国家研究思路的体现。研究内容多以滑雪场、滑雪产业等与滑雪运动发展相关的内容为重点，忽视了滑雪运动本身的发展规律。多学科研究视角分析了滑雪运动发展过程中的一个侧面，尽管不能为本书提供最直接的材料，却为本书全面了解滑雪运动，还原滑雪运动在不同时期的发展情况提供了帮助。

2.2 我国滑雪运动发展综述

对于冰雪运动研究，我国主要以体育学研究为主。由于滑雪运动在我国发展时间较短，研究内容也比较局限，研究思路主要以大众体育、竞技体育和学校体育的研究内容为主。其中，尤其对竞技项目发展研究较为集中，对文化历史研究较少。

2.2.1 我国滑雪运动早期发展研究

我国滑雪运动的历史研究，主要是对滑雪运动起源的挖掘和整理。研究重点多是针对世界范围内中国是否作为滑雪运动起源的论证。关于我国滑雪运动起源有几种说法。主流观点认为，中国新疆阿勒泰市汗德尕特蒙古族自治乡内的敦德布拉克岩棚画上绘有距今约 1 万年的古人滑雪形象图案。新疆阿勒泰地区，至今还沿袭着古人留下的模板为板

① 张凌云，杨晶晶．滑雪旅游开发者与经营 [M]. 天津：南开大学出版社，2007.

② Emmanuel D. Llinares.The Industry organization of Ski areas in the United States[D].University of Delaware，1998.

芯，底面用马腿皮包裹的毛滑雪板滑行的习俗。[①] 除新疆之外，东北地区也被视为起源地。一些学者发现，世界上最早使用滑雪板的是巴尔虎蒙古人。《龙沙记略》记载“巴尔虎人乘木马，驰冰上，以板籍足，屈木支膝，蹴辄百步，势凡激”，这描述巴尔虎人在滑雪板上逐鹿的场景。[②] 在唐朝初期李延寿父子撰写的《北史》中也证实了此观点，“北室韦……气候最寒，雪深没马……饶猝鹿，射猎为务……地多积雪，惧陷坑阱，骑木而行”。[③] 不仅如此，乾隆年间《皇清职贡图》中描绘了黑龙江、松花江、乌苏里江交汇处赫哲人祖先滑雪弯弓射杀野兔的情景。[④]

我国滑雪运动发展历史悠久，但 1957 年吉林通化举办的全国第一次滑雪比赛，标志着滑雪运动开始由工具性、区域性和实用性向竞技性和观赏性发展。[⑤] 在一段时间内，我国滑雪运动发展都将继续以东北区域为阵地、以外国经验服务竞技滑雪运动的模式发展。我国借助外来经验相继发展了多种滑雪项目门类。1961 年赴波兰参加了“社会主义友军运动会”的滑雪巡逻和军事两项比赛。1963 年又赴罗马尼亚参加了同样的比赛。这是我国冬季两项运动的开端，促进了我国冬季两项运动的发展。[⑥]1964 年，我国第一次实行了滑雪运动员等级制度。1965 年全国锦标赛期间，产生了我国第一批滑雪运动健将。[⑦] 直到 1980 年左右，我国相继在吉林、内蒙古和新疆建立高山滑雪队。但此时的滑雪基本还是停留在供给专业运动员的阶段，业余爱好者的参与受到经济条件、社会环境的诸多限制。1999 年，哈尔滨正式对外开放了当时国内规模最大、功能最齐全的室内娱乐滑雪场——二龙山滑雪场，我国的滑雪运动开始由竞技性向娱乐性转变。[⑧]

---

① 单兆鉴. 中国·阿勒泰国际古老滑雪文化论坛报告 [M]. 北京：光明日报出版社，2015.

② 闫敏. 呼伦贝尔文史资料 [M]. 呼和浩特：内蒙古文化出版社，2017.

③ 张晓光. 我国东北滑雪文化的起源与发展 [J]. 黑龙江社会科学，2008（1）：123-126.

④ 刘大鹏. 文化视域下我国滑雪运动发展历史及其文化传承 [J]. 冰雪运动，2018（40）：75-79.

⑤ 刘大鹏. 文化视域下我国滑雪运动发展历史及其文化传承 [J]. 冰雪运动，2018（40）：75-79.

⑥ 单兆鉴. 中国滑雪运动之最 [J]. 冰雪运动：2002（4）：29-32.

⑦ 徐文东，朱志强. 中国冬季运动史 [M]. 北京：人民体育出版社，2006.

⑧ 刘大鹏. 文化视域下我国滑雪运动发展历史及其文化传承 [J]. 冰雪运动，2018（40）：75-79.

2.2.2 雪上大众项目的发展

我国关于群众参与雪上运动的研究主要集中在东北地区，群体主要涉及在校大学生、中小学生或是社会大众，内容多是针对目前雪上活动的类型，例如，校体育课程或是冰雪文化节等形式的雪上活动，探讨冰雪活动对于社会大众的影响。相关研究中对于冰雪运动并没有严格的分类，多以冰雪运动作为总体分析的对象。

以冰雪运动的社会功能为视角，王安洪、魏云华等认为，冰雪运动是北方群众冬天参与体育锻炼的重要方式，阐述了冬季运动在满足大众社会交往、娱乐身心、促进经济发展、塑造冰雪文化等方面的需求。隋迎敌阐述了北方冰雪本身塑造的冰雪文化、形成的冰雪产业对于冰雪旅游和全民健身活动的影响和促进。[①] 李尚滨将校园冬季体育课程作为推动校园冰雪文化和冰雪运动发展的重要途径，认为冰雪文化在对大学生塑造性格、增强体质等多方面起到了重要的促进作用。[②] 隋迎敌认为，宣传冰雪文化对于我国冰雪产业、冬季体育产品的发展起到了重要的推动作用。[③] 刘易呈认为，冰雪文化是人类在冰天雪地的自然环境中从事社会实践过程所获得的物质、精神的生产能力和以冰雪为内容创造的物质财富和精神财富的综合。冰雪文化作为一种区域性的生态特色文化，是民族文化、地域文化的总和。在冰雪文化推广和传承过程中要注重民俗文化的传承，同时推动冰雪艺术文化、冰雪产业的发展。

对于雪上运动的专门性研究，以阚军常的《政府干预理论视域下大众滑雪运动发展研究》为例，探讨政府在滑雪产业发展中的地位和作用。作者认为政府在滑雪产业中应该起到弥补市场不足、推动大众滑雪运动发展、激发大众滑雪消费、提供服务的作用。同时也对政府的职能设置有效的管控范围，避免政府过多干预市场行为的发生。[④]

北京成功申办冬奥会后，我国冰雪运动发展研究多以冬奥会为视角

① 隋迎敌．论冰雪文化对我国冬季大众体育活动的影响 [J]．冰雪运动，2010（3）：93-96.

② 李尚滨．冰雪运动的校园文化内涵及对大学生冬季体育生活的影响 [J]．冰雪运动，2009（9）：78-81.

③ 隋迎敌．论冰雪文化对我国冬季大众体育活动的影响 [J]．冰雪运动，2001（3）：93-96.

④ 阚军常．政府干预理论视域下大众滑雪运动发展研究 [D]．长春：东北师范大学，2012.

进行讨论，一些关于华北地区冰雪运动发展的研究出现。刘晓剑以群众参与冰上运动为研究重点，通过调查北京市参与冰上运动群体、场馆等现状，对参与主体的主观动机、认知途径，对 2022 年北京冬奥会的支持度，对于雪场的满意程度等方面进行分析，期待北京冬奥会的契机使冰上运动常态化。①

梁林、廖莉等认为，北京具有 8 个方面的优势条件，主要有经济实力雄厚、组织动员能力强、民众支持度高、气候条件好、比赛场馆较为完善、交通便捷、办赛经验丰富。王诚民认为，申办奥运会对我国群众体育、竞技体育和体育产业发展方面产生了深刻影响。邱招义在谈北京申办 2022 年冬奥会的社会影响时，将国际形象提升、民族精神振奋、冰雪运动普及、冰雪成绩提高和体育产业升级作为主要影响方面。在推动冰雪运动发展过程中，应从四个方面推动冰雪运动参与。一是要大力加强冰场、雪场建设，从数量上满足人民群众冬季运动锻炼需求；二是冰雪体育"进校园、进公园、进商业园"工程的具体实施；三是各类冰雪体育人才的培养；四是进一步扩大冰雪体育的宣传和影响。因而，在筹办冬奥会过程中，我国社会将逐步享受到其带来的多方面的改变。

2.2.3 我国雪上竞技项目的发展

由于我国冰雪运动起步较晚，加之受到地理环境的限制，大众雪上参与基础薄弱。近年来，我国竞技雪上运动发展迅速，自 1980 年我国参加普莱西德湖第 13 届冬奥会以来，十一届冬奥会共获得金牌 13 枚、银牌 28 枚、铜牌 21 枚。在冰雪运动研究方面，内容多以竞技性为主，以分析我国与雪上运动强国的金牌数量为基础，探讨我国雪上竞技项目发展的路径。

安娜指出，我国冰雪运动发展中的主要问题表现在科研投入少、专业人才少、体育冰雪产业落后和发展不平衡等方面。②王紫鹃补充说明，我国冰雪事业发展还缺乏足够的宣传力度。她认为我国在都灵冬奥会之前的宣传较少，对于 2006 年都灵冬奥会的转播时段多是凌晨，直播较少。

---

① 刘晓剑．北京市群众参与冬季冰上运动的现状与发展对策研究 [D]. 北京：首都体育学院，2015.

② 安娜．我国冰雪运动发展现状与发展趋势探讨 [J]. 东北农业大学学报，2011，2.

从奥运会冬季项目设置谈我国冰雪运动发展现状，多以我国冬季项目运动员培养方面为主要内容，探究我国冰雪人才或冬季项目的发展趋势。相关文章多以奥运奖牌榜为主要依据，探讨我国冰雪项目发展现状。王拱彪、龙丽以中国代表在历届奥运会中冰雪项目成绩为依据，认为我国冰雪项目发展应该“大力优化冰雪项目结构，提高优势项目的核心竞争力，深挖和扩展我国冬奥会优势项目；提高我国冰雪项目的技战术水平；要加强我国运动员、教练员的国际交流与合作”。[①] 董欣等人以冬奥奖牌获得情况以及冬奥项目参与程度为依据，将参与冬奥项目国家分为二到三个集团，不同集团各自参与的优势项目也大不相同。但总体来说，冬奥竞技强国的优势项目大多集中在冬季两项、越野滑雪、高山滑雪等奖牌产生较高的项目上，符合了“雪重冰轻”的冬奥会基本特征。

2.2.4 我国雪上项目市场的发展

季景盛在《黑龙江省冰雪旅游与国外冰雪旅游发展之比较》中对黑龙江冰雪旅游发展与发达国家冰雪旅游发展进行比较，文章侧重于冰雪旅游与成熟市场的差距，主要体现在整体规划、品牌定位、设施等方面。[②] 刘万鹏等的《黑龙江省冰雪产业集群发展中存在的问题及其对策》从产业集群发展的视角阐述了冰雪产业在体育产业规范化、产业有形资产开发、相关法律制定方面的问题，并对此提出了相关对策。姚大为的《黑龙江省冰雪体育旅游实现可持续发展面临的问题及对策》、周亚臣的《黑龙江省滑雪旅游发展的 SWOT 分析与对策》等文章都对黑龙江地区冰雪旅游发展的问题进行了研究，问题主要集中于地理区位的劣势；行业标准缺失，滑雪经营运营混乱；缺乏品牌形象等方面。诸多学者针对上述问题，提出了相应的对策，内容主要有：冰雪旅游资源或是冰雪产业的合理、科学开发；在管理上实行统一标准化管理，制定相应的法律规范；在市场开发方面，依靠政府扶持；在营销手段上，努力打造精品产品，改善营销观念等。上述文章对滑雪旅游产业或市场的对策性研究涉及面较广，但对冰雪市场或冰雪产业发展的针对性对策较少，没有深

---

① 王拱彪，龙丽．从历届冬奥会看中国冰雪项目的未来和发展 [J]．体育文化导刊，2015（5）：85－119.

② 季景盛．黑龙江冰雪旅游与国外冰雪旅游发展之比较 [J]．城市地理，2015（4）：287.

入到具体品牌的打造或是重点市场的开发，更多侧重于社会各界对于冰雪市场的关注，尤其是依靠政府的支持。在研究视角上，忽视了参与群体尤其是不同层次滑雪者对于冰雪市场的需求和满意度的主观调查。最后，没有深入现有雪场的主要经营模式和服务品牌打造上，对具体的雪场的运营和管理没有提出具体的借鉴。

刘俊一的《东三省大众滑雪产业发展现状及存在的问题探析》、孙威的《我国冰雪消费及相关产业发展的对策研究》等文章侧重于调查研究，以当前的雪场状况、滑雪人口以及消费情况作为重点调查对象，对雪场的面积、雪道数量、雪具以及滑雪人口的消费特征等方面重点分析，得出我国的滑雪产业存在的问题。《我国滑雪产业的现状和发展趋势》中补充说明了中国滑雪协会对完善滑雪市场的措施和规划，主要包括对专业人才培养、滑雪赛事的举办、滑雪教程的出版以及加强国内外合作。

我国对于滑雪运动的研究更侧重于市场和竞技项目的研究，对于大众参与的研究种类比较单一，这是因为，集中在东北黑龙江、吉林等地区的冰雪文化节，以观赏性为主，大众参与项目较缺乏。对于西北、华北区域的资料较少，也反映出这些区域的雪上项目开展较薄弱。

2.3 现代化概念及理论的研究

现代化是一个世界现象，可以追溯到 18 世纪的英国工业革命和法国大革命，是人类文明在政治、经济、文化、社会、环境多领域发生的深刻变化。它发生在人类文明的先进国家和后进国家，它包括现代文明的形成、发展、转型和国际互动，文明要素的创新、选择、传播和退出，以及追赶、达到和保持世纪先进水平的国际的竞争和国际分化。[①] 从现代化研究的历史角度看，世界现代化进程发源于欧洲，后传播至欧洲其他地区和北美，继而波及全球各个国家和地区。[②] 在人类历史发展长河中，不同民族具有不同的表现，不同国家也取得了不同的成就。世界现代化

① 中国现代化战略研究课题组，中国科学院中国现代化研究中心．中国现代化报告 2001–2016[M]. 北京：北京大学出版社，2017：41.

② 中国现代化战略研究课题组，中国科学院中国现代化研究中心．中国现代化报告 2003[M]. 北京：北京大学出版社，2003：2.

呈现出进程不同步性和分布不均衡性。在世界现代化进程中，由于不同国家所处不同社会阶段，其促成现代化的因素各有侧重，各要素之间组合模式也是各具特色。

2.3.1 现代化含义

“现代化”一词由“Modern”衍生而成，最初可以追溯到1660年。根据维基百科关于现代化的含义，现代化Moderniation一词源于法语Modernisation，名词可以理解为实现现代化的过程。目前，现代化可以作为名字、动词和形容词等不同词性来使用。作为名词，现代化指实现现代化的行为以及实现现代化以后的状态；作为动词，现代化指实现现代化的过程和行为，即成为现代的或满足现代需要的过程和行为；作为形容词，现代化指已经现代化的，即具有现代化特点的或满足现代化需要的，在这种意义上，最新的、最好的和世界上最先进的都是现代化。①

第二次世界大战结束后，随着国际形势的变化，现代化研究在以美国为首的西方国家悄然兴起，并在经济学、社会学、政治学、文化学等方面掀起学术热潮。现代化研究主要关注发展中国家的发展道路问题。1950年，由美国著名经济学家库兹涅茨提议，在美国科学研究历史会中创立了一个经济增长委员会。1954年，委员会学者阿瑟·刘易斯在英国曼彻斯特大学任教期间，发表了《劳动力无限供给下的经济发展》一文，在他看来，发展中国家现代化的过程，就是打破二元经济模型的过程，即扩大现代资本主义部分，缩小传统的农业部门的过程。②美国社会学家帕森斯认为，现代化过程就是“整个社会趋于分化为子系统”，社会总体适应能力不断提高的过程。③

美国学者丹尼尔·莱勒认为，一般来说，一个社会越是表现出情感移入性，它就越可能成为现代社会。现代化“是一个具有其自身某些明显特质的过程，这种明显的特质足以解释，为什么深处现代社会的人们却能感受到社会的现代性是一个有机的整体……城市化、现代化、世俗化、民主化、普及教育和新闻参与等……换言之，它们之所以携手并进

① 中国现代化战略研究课题组，中国科学院中国现代化研究中心．中国现代化报告2001-2016[M]. 北京：北京大学出版社，2017：5.

② 陈晓律．战后发展理论研究[M]. 成都：四川人民出版社，1995：40.

③ 塔尔科特·帕森斯、尼尔·斯梅尔瑟．经济与社会[M]. 北京：华夏出版社，1989：43.

如此有规律,就是因为它们不能独立实现。”[①]

美国普莱斯顿大学的西里尔・布莱克教授是现代化研究的集大成者。20世纪60年代中期前,他认为“现代化”一词指的是几个世纪以来,由于知识的爆炸性增长、源远流长的改革的过程所呈现的动态形式。

塞缪尔・亨廷顿认为,“现代化是一个多层面的进程,它涉及人类思想和行为所有领域的变革。”北京大学罗荣渠教授认为,“现代化”这个概念是用来概括人类近代发展进程中社会急剧转变的总的动态名词。广义而言,现代化是作为一个世界性的历史过程,是指人类社会自工业革命以来经历的一场急剧变革,这一变革以工业化为推动力,导致传统的农业社会向现代化社会的全球性的大转变过程,它使工业主义渗透到经济、政治、文化、思想各个领域,引起深刻的相应变化;狭义而言,现代化又不是一个自然的社会演变过程,它是落后国家采取高效率的途径,通过有计划的经济技术改造和学习世界先进知识,带动广泛的社会改革,以迅速赶上先进工业国家和适应现代世界环境的发展过程。[②]

中国社会科学院研究员何传启认为,现代化有两个基本词义:①成为现代的、适应现代需要;②大约1500年以来出现的新特点和新变化。现代化既可以表示一个成为现代化的过程,也可以表现现代先进水平的特征。

南京大学的杨预认为,现代化是传统社会向现代社会的转变过程,它是多层面同步转换的过程,是涉及人类生活所有方面的深刻变化。概括起来,现代化可以看作是经济领域的工业化、政治领域的民主化、社会领域的城市化以及价值观领域的理性化的互动过程。

不同领域中对于现代化的理解是现代化发展的不同侧面。总体上来说,现代化是一个历史发展的过程,是从传统社会向现代社会发展的过程,而现代化的要素也是不断丰富发展的过程。

2.3.2 现代化理论

现代化理论是人类进入工业社会以来社会发展的一系列理论总结,是一种社会现象,也是一种文明进步。它是不同时期人们对于现代化理解的不同理论汇总,它发生在不同领域,而且不同领域各具特点。根据

① 丹尼尔・莱勒.传统社会的消逝,中东的现代化[M].纽约,1964:438.
② 罗荣渠.现代化新论[M].北京:北京大学出版社,1993:16-17.

不同时期对于现代化的不同解释，目前现代化理论大致可以分为经典现代化理论、新现代化理论、依附理论、世界体系理论、后现代化理论、生态现代化理论、反思现代化理论、全球现代化理论、多元现代化理论、第二次现代化理论和综合现代化理论。

2.3.2.1 经典现代化理论

现代化理论是20世纪50—60年代形成的，并非一个单一理论，而是涉及了经济学、政治学、心理学和社会学等多学科的理论集合，不同学科以各自领域为基础对传统社会和现代化社会之间的差异进行总结。

经典现代化理论从不同学科角度分析现代化的过程，在政治学领域以亨廷顿、阿尔蒙德为代表。亨廷顿从政治学的角度对现代化特征进行了概括总结，他认为现代化共有九大特征：第一，现代化的革命过程；第二，现代化是复杂的过程；第三，现代化是系统的过程；第四，现代化是全球化的过程；第五，现代化是长期的过程；第六，现代化是有阶段的过程；第七，现代化是一个同质化的过程；第八，现代化是不可逆转的过程；第九，现代化是进步的过程。

（1）以亨廷顿、伊斯顿、阿尔蒙德等为代表的政治现代化的研究方向。研究认为政治现代化是国家现代化的核心，现代化最显著特征是国家政治制度的现代化。国家的政治体制、民主制度演化与变迁是该研究方向的支撑点。该研究提出政治现代化的过程是一个同质化、革命化、进步化、全球化和不可逆的过程；主张政治民主化、自由化、分权化和秩序化，强调政府权威的合理性与政府能力的有效性。

（2）以罗斯托、弗兰克、库兹涅茨等为代表的经济现代化研究。研究方向主要从经济层面对现代化进行考察，认为保持经济增长是实现现代化的关键。该研究认为经济增长是与政治、文化、宗教和意识形态之间存在内在的变迁规律，不同国家经济现代化发展模式与动力机制不尽相同。而不同的历史时期、国家的经济现代化阶段和特征也存在差异。

（3）以帕森斯等为代表在社会学领域的研究。该研究认为工业化是现代化的始发原因，现代化是一个社会的传统性向现代性转变的过程，现代社会与传统社会的根本区别是社会结构的层次化、精细化、社会功能的专门化与多样化、社会运行机制市场化与法制化、社会阶层的流动化与平权化、国家制度的理性化以及政府能力的集约化。

（4）以布莱克、艾森斯塔特为代表的比较制度方向。该研究从人类历史发展演化的角度，提出现代化发展模式多样性的观点，并对不同模式进行了深刻的分析和研究。

2.3.2.2 新现代化理论

在进行经典现代化理论研究的同时，西方学者对发达国家未来的发展也进行了研究。经典现代化理论能够较好地解释18世纪工业革命至20世纪60年代欧美发达国家的现代化进程，对发展中国家追赶发达国家水平的过程也基本适用。然而，在20世纪70年代，一些欧美发达国家实现了工业化发展以后出现了新变化和新特征，经典现代化理论无法继续解释后续的发展问题。至此，出现了一批针对新问题的现代化理论思潮。

2.3.2.3 后现代化理论

20世纪70年代，西方国家开始经历从工业社会向后工业社会的转变，后工业社会的问题引发了学者们的关注。美国学者丹尼尔·贝尔对后工业社会进行预测并得出后工业社会所具备的特征。贝尔认为，与传统的工业化社会相比，后工业社会最主要的不同就是社会结构的变化，后工业社会具备一些新的特征。

（1）经济方面，大多数劳动力不再从事农业或制造业，而是从事服务业。

（2）职业分布方面，专业和技术人员的不断增加。

（3）中轴原理方面，每个现代化社会的存在，都依靠革新以及社会变革进行管理，并力求预测未来。

（4）未来方向方面，现代化的社会避免停滞，维持生产力和科技变革促进经济增长。

（5）制定决策方面，新智能技术将在人类生活中占据突出地位。

贝尔对于后工业社会的预测研究对认识社会发展起到启示作用。他强调现代科学技术的作用，为现代化进程中的后发国家提供了机遇，重视科学技术的发展成为追赶现代化国家的关键要素。

2.3.2.4 生态现代化理论

伴随经济增长的现代化国家，其快速的经济发展导致了环境恶化、资源衰竭等问题，发展中的环境问题引发了人们对于经济增长的反思。为了打消环保人士的疑虑，一大批有影响力的工业家、政策制定者提出，经济增长与环境保护之间协调发展是可行的。德国社会学家约瑟夫·胡勃是这一理论的奠基人。在胡勃看来，生态现代化的精髓是“经济现代化”和“生态现代化”的双重过程，资本主义的动力能够被用来实现可持续的生产和消费，而国家作用只是现代社会形成引起环境改革的多样化的要素。英国学者柯汉则总结了现代化的六个基本原则：第一，超工业化原则，这一原则是指清洁、低资源密集的技术和生产过程，大幅度降低经济发展和环境退化的关联性；第二，政府管理原则，要求更加严格的政府环境管理，通过管理实现创新生产系统的建立；第三，综合污染管理原则，要综合污染管理，避免污染物的转移，实现生产过程的健康发展；第四，预防原则。要求工业部门建立“预防计划”，及时处理生产中出现的问题；第五，环境责任制度化原则，公共、私有部门要在组织内部建立其环保责任；第六，决策网络化原则，工业、政府、非政府组织和公共之间建立良心沟通和信息互换。

生态现代化观念强调保护环境和经济增长之间的协调性，认为经济增长与环境增长之间可以达到环境、经济和政府三方“共赢”的目的。同时，强调技术革新对于经济增长和环境改善的推动作用。最后，在生态环境建立过程中强调国家和市场的双重作用。政府在制定环境政策的同时，尊重市场杠杆的调节作用，引导市场的良性发展。

2.3.2.5 第二次现代化理论

第二次现代化理论认为，在18世纪至21世纪末期间，世界现代化进程可以分为两大阶段，第一次现代化是从农业经济向工业经济、农业社会向工业社会的转变；第二次现代化是从工业经济向知识经济、工业社会向知识社会的转变；没有完成第一次现代化的国家，可以推动两次现代化的协调发展，从半工业经济向知识经济、从半工业社会向知识社会的转变，这就是综合现代化。在1960—1970年间，国家现代化的路径是第一次现代化。在1970—2100年期间，国家有三条基本路径，即第一次现代化、第二次现代化和综合现代化。

第一次现代化包括很多要素，如工业化、城市化、理性化、民主化和国际互动等。不同国家在不同时期采用的策略不同，在某个时期先对优先发展某种要素，形成了不同发展模式。工业化与民主化、工业化与城市化、经济与教育、市场与计划、追赶工业化与国际互动是国家现代化的组合模式。

第二次现代化包括的因素主要有知识化、信息化、生态化和全球化等。发展模式主要分为：知识化与信息化、知识化与生态化、信息化与生态化、全球化、经济与社会、经济与生态、社会与生态以及经济、社会与生态协调发展等模式。

2.3.3 现代化的阶段划分

经济学家罗斯托将人类社会的发展分为五个阶段。第一是“传统社会阶段”；第二是“为起飞创造前提阶段”，即起飞前的准备阶段；第三是“起飞阶段”；第四是“趋向成熟阶段”；第五是“大众消费阶段”。

布莱克认为，现代化过程包括四个阶段：①现代性的挑战阶段——在其传统知识的框架中，一个社会开始面对现代观念和体制，而现代性的倡导者开始出现；②现代化领导的巩固——在持续几代人的剧烈革命斗争的过程中，权力从传统领袖转入现代化的领袖中；③经济和社会的转变——经济增长和社会变革发展到这种地步，一个社会从乡村农耕生活方式占主导地位转变为都市工业生活方式占主导地位；④社会的整合——在这一阶段，经济和社会的转变引起这个社会从根本上改组社会结构。

从政治学的视角，布莱克将政治现代化的模式分为七种范式：第一种是英国、法国这类的最早实现现代化的国家，在很大程度上为其他国家的发展树立了典范；第二种是美国、加拿大、澳大利亚和新西兰等，他们接受了母国的政治发展方式，政治现代化道路较为顺畅；第三种是直接或间接地受到了现代化的欧洲国家组成，如西班牙、葡萄牙、意大利等；第四种是欧洲社会在新世界的旁支，他们实现了国家独立却未导致现代化领导权的增强，反而出现了殖民主义的新形势；第五种是以日本、中国为代表的，未经过外来干涉却间接受到影响的国家；第六种是由 34 个独立国家和 29 个依附国家组成；第七种是由撒哈拉非洲和大洋洲组成的 31 个独立社会，他们没有充分发展的宗教、语言、政治，很难适应现代化的条件。①

帕森斯从世界史视角把现代化分为三个阶段，第一阶段以欧洲的西北角（英国、法国、荷兰）为主导，其代表是英国的产业革命和法国的民主革命；第二阶段以欧洲东北角（德国）的急速工业化为主导，由于民主不平衡的落后状态，这一阶段产生了纳粹的大动乱；第三阶段的主导者是第二次世界大战的美国，与前者相比，美国的民主革命与产业革命结合得更为紧密。②

2.3.4 体育现代化的研究

2.3.4.1 体育现代化内涵研究

1980 年，熊斗寅最早对体育的现代化进行了界定，认为体育现代化是“体育科学化，是把现代最新的科技成就和知识在体育中广泛应用，从而使学校体育、群众体育、竞技体育等几个方面都达到世界先进水平”。③

李香华等认为，体育现代化是一个历史过程，它是中国传统体育向现代体育转化，也就是把现代化最新的科技成果和理论知识在体育中广泛应用，从而使学校体育、竞技体育和群众体育几个方面都达到世界先进水平。④熊斗寅和李香华对于体育现代化的理解，强调科技是现代化发展最直接的影响因素，是实现体育现代化的重要条件。

厉丽玉、林可等认为，体育现代化是一个国家或社会成功地把现代化的体育观念、体育管理方式、体育运动过程、体育科学理论、体育方法手段和体育场馆设施应用于人类身心健全发展和全面挖掘人类运动能力所能达到的一定水平，也可以理解为以人身心健康发展和全面挖掘人类运动能力为目的，体育价值观、体育管理方式、体育运动过程、体育科学理论、体育方法手段和体育场馆设施等方面逐步从传统向现代转变的动态过程。这一定义不同于注重科学的单方面要素，而是强调了多方面的体育方面要素对于体育运动的推动作用，同时强调了现代化是一种趋

① C.E. 布莱克．现代化的动力 [M]. 成都：四川人民出版社，1998：148−175.

② 罗荣渠．现代化理论与历史经验的再探讨 [M]. 上海：上海译文出版社，1993.

③ 熊斗寅．现代体育与体育现代化问题初探 [J]. 北京体育大学学报，1980（1）：9.

④ 李香华．中国现代体育与体育现代化 [J]. 体育学刊，2002，9（5）：20−22.

势和进程。

孔庆鹏、朱永新、王家宏认为，体育现代化作为一种水平和状态，是一个国家、地区或民族的体育事业在一个特定时期和特定阶段达到的某一高度发达水平，包括人们的体育意识、体育价值观念在内的大众体育、竞技体育和学校体育全面取得与时代发展相适应或超前于社会其他事业发展的体育成就；作为一个过程是一个国家、地区和民族由传统体育社会向现代体育社会的转变过程，涉及体育所有领域与层面的全面转变。①

余道明认为，体育现代化在现代化的发展进程中，指未来体育发展目标且具有阶段特征的水平状态和发展过程。在社会文化学层面上，它表现为体育物质条件现代化、体育制度现代化和人的体育观念现代化三个层面；在现代化认知层面上，它表现为体育现代化的动力表征、体育现代化的质量表征和体育现代化的公平表征。

陈万红认为，体育现代化就是与社会现代化发展进程相适应的，已全面促进人类身心健康发展，建立良好体育生活方式，实现体育全面发展为目标不断完善的能动动态发展过程。

对于体育现代化内涵的研究是一个变化的过程，从单一元素向多元素的推进，反映了体育发展过程中内容的充实和丰富。同时，对于体育运动界定也不再局限于群众、学校和竞技体育三方面研究，而是在将其作为变动发展的过程中，探究不同阶段的发展特点，并且从体育思想、管理、产业等多维度探讨现代化发展。

2.3.4.2 体育现代化指标研究

体育现代化有一些特征和体现现代化的指标。

余道明在其博士论文《体育现代化理论及其指标研究》中认为，首都体育现代化是体育与现代化互动的过程，即适应、参与并改造现代社会变迁，使体育符合社会需要的“现代性”的过程。首都体育现代化从层面上看包括物质层面、制度层面、理念层面三个方面的现代化；从涉及的内容要素来看，包括群众体育、学校体育、竞技体育、体育产业、体育科技、体育管理、体育信息和体育文化等八方面的现代化。

① 孔庆鹏，朱永新，王家宏．苏州市现代化研究 [M]. 苏州：苏州大学出版社，2003（5）：17-18.

孙庆祝在对学校体育指标进行分析时，认为学校体育现代化是主客观两个向度，包括4个1级指标、7个2级指标和14个三级指标在内。[①]李捷对于首都群众体育现代化发展的研究，认为影响现代化指标分别是群众体育的经费投入、群众体育开展活动的场地设施、群众体育的组织水平、体育人口指导的情况以及残疾人的体育发展的情况。[②]

付振磊在对于中国农村体育现代化的研究中，认为中国农村现代化是器物因素、技术因素、制度因素、价值观念因素、农民理性因素和“两个”需要因素影响的结果。薛宇对于武术运动现代化发展进行研究表明，武术运动现代化主要内容包括武术普及、武术教育、武术竞技、武术信息、武术产业、武术文化、武术管理、武术科技。武术运动现代化发展进程中，具有动态化与相对化、社会化与国际化、多元化与人文化方面的特征。[③]

体育与现代化之间的关系主要集中在对于不同体育类型的现代化内容和特征的总结。主要的影响因素可以归为价值观念、器物层面、制度层面等类型。要素的确立与分析对本书提供了思路，但是由于缺乏对于不同阶段现代化的分析，对现代化的概括过于笼统。

2.4 小 结

从既有滑雪运动的研究来看，主要有以下几方面的特点。

首先，欧美国家的研究内容范围较为广泛，涉及滑雪运动的历史、产业、竞技等多个维度。这样的研究视角和体系源于其项目的成熟发展，但是对于本书而言，多领域的论述是一种碎片式、零散的资料汇总，是就某一现象的单一描述，或是对于某一时间段现象的分析，缺乏对于滑雪运动项目整体发展脉络的描述。

其次，欧美国家与我国的研究思路差异较大，导致了从论文构想和角度选取都难以找到完全与本书贴合的文章。文章从经济学、环境学、建筑学等多领域切入，从各自学科领域探究滑雪运动这一现象，缺少从

① 孙庆祝．学校体育现代化评价指标体系的研究 [J]．南京体育学院学报，2009（2），17-25.

② 李捷．首都群众体育现代化发展研究 [J]．体育文化导刊，2009（6）：28-34.

③ 薛宇．武术现代化发展理论与评价 [D]．北京：北京体育大学，2013.

体育学科本身出发的研究视角。

再次,我国滑雪运动的研究对于当前滑雪运动的研究多,对历史的研究少;从竞技项目视角的研究多,从社会学领域研究较少。研究多集中于我国滑雪市场发展、东北地区大众冰雪项目发展等内容,对我国滑雪运动发展借鉴性研究或是对于欧美与我国运动项目对比研究较少。

最后,现代化理论是一项涉及多学科的理论,也是多领域尝试应用的理论。这一理论应用多集中在政治、经济、文化等领域的现代化建设,或是对于相关思想家的理论探讨。在体育领域中也有所涉及,主要是对于体育现代化体系的构建研究,是对于学校体育、大众体育和竞技体育项目现代化发展的目标构建,而不是针对现代化和体育项目本身发展关系的探讨。在研究方法和体系构建上拓宽了本书的研究思路。

3 研究对象和方法

3.1 研究对象

本书主要以滑雪运动为研究对象，将滑雪运动发展与现代化理论相结合，基于欧洲和美国两大区域滑雪运动的历史发展过程，以欧洲阿尔卑斯区域和美国落基山脉、阿迪朗达克山为重点考察区域，通过社会学视角探寻滑雪运动的内在发展规律。

3.2 研究方法

3.2.1 文献资料法

本书运用文献资料法，以"滑雪运动""冬季奥运项目""Skiing""Winter Sports"等关键词为题名，在中国知网、EBSCO、ProQest 以及 Taylor & Francis Online 等数据库进行中英文检索。同时查阅国家图书馆、北京体育大学外文书库，对欧洲、北美的滑雪运动进行梳理。对当前滑雪场的资料收集主要通过浏览 BBC 网站 SKi 专题、维基百科、谷歌以及瑞士、奥地利国家旅游局网站等。

表 3-1 文献资料情况

检索项目	总篇数	期刊篇数	硕博论文篇数
滑雪运动	4530	76	4
冬季奥运项目	21984	7967	2

续表

检索项目	总篇数	期刊篇数	硕博论文篇数
Skiing	23642	13082	10560
Winter Sports	2277074	36368	150490

3.2.2 专家访谈法

运用面谈、电子邮件、电话访谈等方式，和与本课题研究有关的专家学者进行访谈咨询，从滑雪运动项目、滑雪市场、滑雪运动参与等多方面了解滑雪运动发展，加深对于滑雪运动认识和理解。

表 3-2 访谈专家的情况

序号	姓名	单位	职务
1	任 ×	北京体育大学	教授、博导
2	朱 × ×	哈尔滨体育学院	教授、博导
3	董 × ×	沈阳体育学院	教授、博导
4	方 × ×	东北师范大学	教授、博导
5	徐 ×	北京冬奥组委总体规划部	部长
6	杨 ×	冬季运动管理中心	副主任
7	Sarah Lewis	国际滑雪联合会	秘书长
8	Joe	国际滑雪联合会	自由式滑雪秘书长
9	Ala	国际滑雪联合会	单板滑雪秘书长
10	Alberto	国际雪联裁判员培训师	国际 A 级裁判
11	Helen	国际雪联裁判员培训师	国际 A 级裁判
12	孟 × ×	北京体育大学	国家级教练
13	白 × ×	瑞士国家旅游局	中国北方区经理
14	孙 × ×	北京卡宾滑雪集团	总裁

3.2.3 对比分析法

滑雪运动主要是欧美国家主导的冬季运动，滑雪运动发展进程中欧美国家共性个性、连续性与创新性并存，形成了滑雪运动发展的主要内容。本书对不同发展阶段滑雪运动的发展过程、同一发展阶段不同区域的发展过程进行对比分析，认为存在的差异是现代化与滑雪运动互动的表现，也是还原滑雪运动继承发展不断推进的过程。

3.3 相关概念界定

3.3.1 滑雪运动的界定

滑雪运动来源于挪威语“skiidræt”，词语的含义不仅限于一种运动，而更多强调户外运动中对于健康和耐力的理想。①

维基百科中，将滑雪运动定义为：利用雪板在雪上进行的一种运输方式、一种娱乐活动或是一个冬季项目。从滑雪项目的类型上，主要分为高山滑雪、越野滑雪和泰利马克。三种滑雪项目的参与地点有所差异，高山滑雪主要在滑雪度假地进行；北欧滑雪可以在雪道或是没有开发的山区进行；泰利马克主要是一种滑雪技术，也是国际滑雪联合会的一个非奥项目，这一项目后跟与雪板分离，允许在转弯中踮起脚跟进行转弯。②

韦伯词典将滑雪运动定义为：一种在雪板上进行的滑雪项目或是艺术。③

国际滑雪联合会（FIS）并没有对滑雪运动下专门定义，但是对滑雪运动进行了明确分类。以奥运项目和非奥运项目来区分，其中奥运项目主要是越野滑雪、高山滑雪、跳台滑雪、自由式滑雪和单板滑雪 5 个大项，而非奥项目主要是速度滑雪、泰利马克、滑草等。

百度百科中对于滑雪运动的定义为：滑雪运动是运动员把滑雪板装在靴底上在雪地上进行速度、跳跃和滑降的竞技运动。

总体而言，滑雪运动的定义主要是对滑雪运动的特征的描述，或是对于项目类型的归纳。但基本确定了滑雪运动是需要借助的一定装备（如雪板），在适当的场地（如滑雪场）进行的户外运动项目。

由此，本书认为滑雪运动是一项借助装备在雪上或是特定的雪上场

① E.John B.Allen.Historical Dictionary of Skiing [M]. The Scarecrow Press, 2012.

② https: //en.wikipedia.org/wiki/Skiing.

③ https: //www.merriam-webster.com/dictionary/skiing.

地滑行的休闲娱乐或是运动竞技类的户外运动。由于其运动性质决定，设施、场地是滑雪运动进行的基础，滑雪项目可视为滑雪运动的具体表现形式。就运动项目本身来看，竞技运动和休闲运动是滑雪运动的基本构成。以上内容及其衍生领域都是滑雪运动的重要组成内容，但绝不是对任何单一领域或部分的重点研究。本书重点是将滑雪运动作为整体进行研究，探寻其整体发展轨迹及规律。

3.3.2 欧美滑雪运动发展的阶段划分

现代化的发展是历史演进的过程，任何国家、社会、区域都不能脱离历史发展的限制。现代化进程中不断发展的滑雪运动同样受到历史发展的影响。在这一复杂又长久的进程中，单一的现代化理论或是体育史理论都难以解释滑雪运动发展的轨迹，本书借助多视角、多学科整合各自孤立的发展阶段，力图还原滑雪运动的发展历程。

根据第二次现代化理论，现代化大体可以分为两个阶段，即 1760—1970 年间，实现了农业社会向工业社会的转变，国家现代化的路径是第一次现代化。欧美诸多国家在 1970 年完成了第一次现代化，开始实现第二次现代化。[①] 第一次现代化可以分为起步（1763—1870 年）、发展（1870—1913 年）、成熟（1914—1945 年）、过渡（1945—1970 年）四个阶段。从滑雪运动发展来看，第一次现代化时间跨度较大，同时是欧美国家滑雪运动发展过程中最为关键的时期，因而在现代化理论基础上对本书时间阶段予以限定。

1760 年开始，英国作为典型的工业国家逐步走上现代化道路，第一次现代化拉开序幕，本书以此作为欧美国家各自的发展起点。第一次现代化在 1914—1945 年进入“成熟期”。这一时期欧洲国家基本完成了滑雪运动的发展，滑雪市场、滑雪赛事等多领域经验逐步开始向外扩散。与此同时，美国冬季休闲需求日益高涨，美国开始借助欧洲经验实现本国滑雪运动快速发展。由于欧美两区域现代化道路存在差异，公园滑雪旅游等形式成为滑雪运动的新补充，荒野保护的生态理念也开始在滑雪运动中渗透。美国滑雪运动兴起并加快追赶欧洲发展步伐。

① 何传启 . 如何成为一个现代化国家 2010—2016[M]. 北京：北京大学出版社，2017.

1945 年后随着战争结束,现代化浪潮再次兴起。经历了两次世界大战的欧美国家开始尝试恢复重建,滑雪运动在此前积累的基础上开始实现同步发展趋势。滑雪文化发展推动新项目形式出现、滑雪群体不断增加、滑雪市场日趋完善。欧美国家滑雪运动再无新形态出现,只是发展模式上的模仿或元素的增加。欧美滑雪世界中心地位确立,欧美滑雪运动发展基本成型。

综上,本书依据第二次现代化发展阶段划分及滑雪运动自身发展特点,将欧美滑雪运动的发展分为:欧洲中心确立时期(1763—1945 年),即传统滑雪运动向现代滑雪运动过渡时期,滑雪运动发展处于早期探索阶段。在地理范围主要集中在北欧的挪威,零星分布在欧洲阿尔卑斯区域,人们缺乏专业的滑雪装备和设施,滑雪运动只是从山坡上向下滑行的尝试;美国滑雪运动追赶时期(1763—1945 年),滑雪运动开始被上层阶级接受,一些初级的滑雪区域或是少有的滑雪场、滑雪度假村已经开始初具规模。其中以欧洲滑雪市场为主,美国开始追随欧洲发展。随着科技发展,一些简单的升降设施在滑雪场出现;1945 年至今,欧美国家在此前滑雪区域基础上,实现了大规模发展,市场开始繁荣,滑雪装备、设施等日益完善,参与群体转向中产阶级。

3.3.3 滑雪运动与现代化的关系

现代化是一个长期性和复杂性的过程,是多层面的发展过程。欧美国家滑雪运动的发展研究是通过国际现代化、国家现代化、地区现代化多层面、多角度交互实现的。本书是以欧美国家现代化进程为基础,对现代化与滑雪运动相关领域的互动过程的分析。在这多重现代化的视角中,国家现代化是基本始点,但在整体发展中,国家差异、地区差异决定了滑雪运动先发、后发的发展过程以及差异化的发展趋势。同时,现代化与滑雪运动都处于世界发展脉络中,国际交流互动增加了国家现代化之外的要素,也带动了新形式的补充发展。

从现代化研究来看,多学科都在各自研究领域进行了分析和探讨。主要是针对不同国家现代化实现过程、动力,或是现代化国家特征的讨论。但对现代化的实现指标、时间、阶段特征都缺少针对性的解释,现代化实现的动力也缺少统一的观点。现代化发生的领域各不相同,一个领域的现代化能否带动所有领域、层面的现代化,一个领域或层面实现的现代化标准又如何。相关理论都是基于现代性即已具备现代化特征的国家或领域的探讨,缺少不同领域实现现代化边界的界定。而对不同国家或地区而言,现代化实现的路径各不相同,也很难将现代化过程划归至相同的领域中。

对于滑雪运动来说,一项借助装备在特定场地进行的运动,其发展需要场地、装备等条件的支持,这就意味着经济、文化、观念、科技、自然环境等社会多方面因素都可能对其产生影响。本书以欧美国家为基础,选择了以国家现代化为逻辑始点。但对于欧美国家而言,现代化进程中不同领域现代化的实现标准、发生时间都很难确定。本书以第二次现代化理论为参考,分析政治、经济、文化、社会、科技、环境这六个大领域作为现代化表现内容。这些领域或是要素不能涵盖现代化所有的类别,仅对本书研究范围做出界定。现代化与滑雪运动的互动关系中,滑雪形态的发展有可能是由多要素决定,也可能是单一要素发挥作用。同时,以上领域不能证明在各个阶段都起作用,只是这一发展历程中总体领域的确定。因而,滑雪运动发展是不同领域要素起作用,或是不同领域要素选择、创新的过程,所有领域或要素无法在整体过程中都有体现,需要根据不同国家国情进行具体分析。

4 分析与讨论

4.1 欧洲现代化进程中的滑雪运动酝酿与发展

4.1.1 工业社会中滑雪运动发展的可能性

4.1.1.1 早期滑雪运动的概述

滑雪是一项历史悠久的运动，滑雪运动最早的起源，可以追溯到距今 8000 年前的中国阿勒泰地区。中国被视为最早出现滑雪运动以及最早编写滑雪手册的国家之一。西汉年间，官员记载了人们在阿勒泰区域穿着及膝靴子，脚踩木板在雪上快速移动的场景。[①] 欧洲滑雪运动相较中国起步略晚，公元前 6300 年到公元前 5300 年俄罗斯北部发现滑雪碎片，反映了欧洲早期雪板制作技艺。早期滑雪运动主要用于冬季日常生活，农民、猎人将其作为代步或是狩猎工具，以适应人类生存与自然斗争的需要。[②]

13 世纪，滑雪运动开始以神话传说的文学艺术形式表现出来，反映出滑雪运动在北极地区生活的广泛渗透。挪威人在高纬度的严寒地区生存，在传奇故事中将 Ullr 神和 Skadi 女神视为滑雪之神，他们携带弓箭、脚踏滑雪板轻松地穿行在雪地中，人们对于神明的塑造表达了人们对于冬季严寒的畏惧，期待借助神明获得克服艰难生活的力量。1555 年，流亡的瑞典天主教主在其历史著作中，表述了斯堪的纳维亚地区普遍使

---

① Dylan Jim Esson.Selling the Alpine frontier： The Development of Winter Resorts， Sports， and Tourism in Europe and America，1865–1941[D].University of California，2011.

② 王仁周.冬季奥林匹克运动(1924–2002)[M].北京：人民体育出版社，2005：1.

用的滑雪板运输和狩猎的场景。[①]

17 世纪开始，滑雪运动与冬季的军事备战的关系日益紧密。[②]这一时期，军队从服务地方领主转向服务国家，欧洲国家普遍加强军事管控服务政权统治。在法国大革命期间，军队归属于日益集中的国家政权，而挪威则希望摆脱集中统治，为领主效力。挪威为实现更强有力的冬季作战效果，将滑雪提升至重要地位。

18 世纪初，挪威提升滑雪部队作战能力时，对滑雪的认知发生了重大变化。1735 年，Jens Henrik Emahusen 中卫用德语记录了军事滑雪规则。1761 年，哈尔斯出版了《格鲁纳之书》，书中的插画记录了军人滑雪训练场景，并详细记录了规则和奖金分配。越野滑雪、速降比赛、回转、跳跃及滑降中的射击，根据难易程度奖金分配等级也各不相同。中等难度的是回转和跳跃；越野滑雪被视为最简单的项目；滑行中射击是最难的项目，根据难度的不同设置不同的奖金。[③]比赛进行中的规则、计时等专业化的发展，推动了传统滑雪项目向现代滑雪运动发展。比赛涉及的项目内容，为冬奥项目发展奠定了基础。但越野滑雪却未能脱离传统体育的性质，在项目内容、类别的区分上还缺乏专业性，项目之间的差异相对模糊。

1826 年挪威滑雪队解散时，人们对滑雪的兴趣迅速减少，合格的滑雪者数量每年都在下降。[④]但知识分子却没有放弃这一运动，他们认为滑雪是挪威特有的运动，希望重振这一户外游戏的活力。为了实现这一目标，作家们将神话和历史相融合再造滑雪运动的传奇。文化塑造的意愿推动了滑雪运动的转型，脱离了早期政治军事性特征更加贴合“运动”的内涵。1863 年，奥斯卡·韦尔兰德出版了一本关于滑雪俱乐部和学校滑雪的小册子，两年后，出版内容扩大到滑雪历史和战争史，成为第一本探讨滑雪历史的书。书中不再是单纯的军事滑雪描述，而是对滑雪这一户外运动的深入探讨。韦尔兰德认为，国家不能由虚弱的民众

---

① E. John B. Allen， The Culture and Sport of Skiing： From Antiquity to World War II [M] （Amherst， 2007）， 7−35.

② E.Joh B.Allen.The Culture and Sport of skiing： From Antiqutiy to world War II[M]. University of massachusetts press Amherst，2007：30.

③ E.Joh B.Allen.The Culture and Sport of Skiing： From Antiqutiy to World War II[M]. University of massachusetts press Amherst，2007：30.

④ E.Joh B.Allen.The Culture and Sport of Skiing： From Antiqutiy to World War II[M]. University of massachusetts press Amherst，2007：30.

建造,部分维京人呼吁民族的活力,滑雪运动符合了这一需求。滑雪运动的目标之一是健康身体的塑造,健康则意味着更好的国家和民族的建设,而户外运动是保持健康的重要途径。这一观念演变为"健康的身体孕育健康的身心",而后被浪漫主义者转化成为强身基督教的内容。脱离了军事和战争的滑雪运动仍是国家建设的重要途径,强烈的政治色彩推动了滑雪向大众参与的运动形式过渡,不可否认滑雪仍然是政治统治的附属而不具有独立内涵的运动项目。

19 世纪初期,德国教育家和早期体育教育的倡导者古茨穆斯在其体育论文中部分提及了当时斯堪的纳维亚半岛人们穿着雪鞋或在雪上奔跑的场景。古茨穆斯描述了斯堪的纳维亚滑雪的普及,特别是雪板在丹麦军队中的使用,并认为德国人并不像斯堪的纳维亚人居住在如此寒冷和多雪的地区,但德国部分地区的积雪常常限制或完全阻碍运动的发展和交流。因此,他相信滑雪板将通过日常的实用性使德国人受益,同时通过提高强度和灵活性来使滑雪者的整体健康受益。[①]

在 19 世纪,挪威滑雪者引领滑雪慢慢地从实用转向娱乐。在挪威的日常生活中,特别是在远离首都克里斯蒂安尼亚(现在的奥斯陆)的省份,滑雪一直扮演着重要的角色。滑雪运动在 19 世纪中叶的挪威作为休闲活动稳步发展。第一次有组织的滑雪比赛于 1843 年在北极港口城市特罗姆瑟举行,18 世纪四五十年代,古老的维京首都特隆赫姆及其周边连绵起伏的山丘成为滑雪旅游中心,这项运动在挪威的地理边缘地区首先发展起来。[②]

1888 年,挪威著名极地探险家南森成功横穿格陵兰岛,自此,滑雪运动在欧洲掀起了热潮。1891 年,南森和美国出版商出版的《滑雪横穿格陵兰岛》(*On Skis over Greenland*)在欧洲发行。南森在书中不仅介绍了滑雪技巧,同时描述了滑雪运动对身体力量的塑造。他认为,滑雪运动能够锻炼肌肉,提供身体所需力量、增强肌肉弹性,让身体变得灵巧、身心更具活力。处于城市生活的人们,在滑雪过程中被白雪包围,城市文明被自然风景洗刷,人们可以将城市氛围和城市生活抛之脑后。南森的滑雪经历和主张获得北欧、中欧国家人们的赞赏,城市中的精英阶

---

① Johann Christoph Friedrich GutsMuths, Gymnastik für die Jugend (Schnepfenthal, 1804): 386–390.

② E. John B. Allen, The Culture and Sport of Skiing: From Antiquity to World War II [M]. (Amherst, 2007): 39 –55.

级受到南森的启发，一些大学教授、大学生、公务员和军官等着手开始建立滑雪俱乐部，滑雪观念逐渐在精英群体中萌生。

4.1.1.2 工业革命中阿尔卑斯区域的征服与控制

大自然是滑雪运动的开展的基础，寻找合适的地区进行滑雪运动是其项目本身性质决定的。从自然条件来看，合适的高山多是茂密的森林地带，如何在开拓中寻求保护是工业社会进程中的矛盾问题。滑雪运动是与环境互动的过程，其实质是环境问题在现代化过程中的体现。工业化进程中，以高耗能的冶炼、制造业等作为带动工业发展的重要领域，砍伐森林是工业发展的基础资源保障。阿尔卑斯地区被视作工业废弃地区，成功避免了环境破坏的问题。但对于阿尔卑斯地区来说，工业化社会中人们观念已经开始发展转变，技术变革唤起了理性思维，突破了封建传统观念的束缚。19 世纪后期，第一条标准轨的高山铁路于（奥地利赛梅林铁路）1854 年修建完成，标志着高山旅行变得更快捷、更可靠。1882 年随着圣哥达铁路的完成，从意大利边界城市基亚索（瑞士）到巴塞尔市，行程从三天半缩短到十个半小时。[①] 铁路的快速发展，使欧洲城市居民在一天内到阿尔卑斯山旅游成为现实，促进了阿尔卑斯高山旅游业的国际化发展。之前只有 20% 的瑞士人到此旅游，到了 19 世纪末，德国、英国旅游人数超过游客总数的 80%。[②]

4.1.1.3 工业社会中人才流动与滑雪运动传入

第一次现代化过程中，欧洲是工业化领军地区，其中英国和德国是以工业化实现现代化的代表性国家。英国是工业革命的发起者，而德国则是将理论与实践相结合的国家，德国通过高等技术学校培养化学、冶金等方面人才，向工业领域输送大量人才。19 世纪下半叶，德国的化学工业公司建成了实验室，从事科研和新产品开发。1851—1900 年之间，理论和技术科学的重大成果中，德国获得 202 项，挪威 106 项，法国 65 项。[③] “一战”前，德国的先进技术吸引了大批量移民横跨欧洲，包括相

① Andrew Dening.Skiing into Modernity: A Culture and Evironmental History[M].University of California Press, 2013.

② Andrew Dening.Skiing into Modernity: A Culture and Evironmental History[M].University of California Press, 2013.

③ 吴国盛 . 科学的历程 [M]. 湖南：湖南科学技术出版社，1997.

当数量的挪威人。在这一过程中,挪威人开始将滑雪文化向中欧大陆推广。德国学者卡尔·路德(Carl Luther)指出,德国的滑雪运动在1883年前后尤为明显,主要是在德国中部的哈尔茨山脉和弗赖堡附近的黑森林。哈尔茨周围的地区有众多著名大学:汉诺威、克劳斯塔尔、不伦瑞克和开姆尼茨的技术大学,以及哥廷根和莱比锡的传统大学都位于哈尔茨山100英里的范围内。同样,弗莱堡也是一所受尊敬的采矿和冶金科学大学的所在地。这些大学在生产德国工业化的研究中起到了至关重要的作用,因而吸引了大量外国学生。然而,将挪威学生吸引到德国并不足以开展滑雪运动,来到哈尔茨山脉和黑森林周边地区的挪威学生发现了与挪威近似的气候条件和地形,进而将其自身的滑雪习惯继续保持下来。

1888年,南森穿越格陵兰岛激发了欧洲国家人民对滑雪运动的关注。同时也促成了德国中部的挪威人与瑞士东部、奥匈帝国之间的非正式联系。[①] 滑雪运动由德国中部向外扩散,开始在法德边境的孚日山脉、瑞法边境的汝拉山脉等海拔较低的地区传播开来,大量的滑雪者开始在滑雪区域周边建立俱乐部。滑雪俱乐部发展主要集中在雪资源丰富的地域,瑞士东部、德意志帝国、奥匈帝国等国人寻找合适的滑雪区域,并在阿尔卑斯区域周边建立了最早的俱乐部和协会。从1890年到第一次世界大战开始,奥地利维也纳俱乐部(1891年)、意大利都灵(1901年)、法国格勒诺布尔俱乐部(1896年)等地方一级俱乐部相继建立。滑雪俱乐部的社交活动、团体之间的活动加快了滑雪运动在欧洲的兴起和发展。

滑雪组织最初呈现出一种过渡的状态,其发展的目标是与滑雪运动相关,却不是专门的滑雪组织。滑雪运动俱乐部是新兴资产阶级对于上层阶级社交、国家发展等进行有目的的重要群体。滑雪运动开始朝着有组织和目标的方向发展,区别于此前以家庭、个人等为单位的传统滑雪形式。滑雪组织发展目标受到国家现代化模式的影响,现代化要素决定了滑雪组织目标和发展规划。从根本上来说,国家在现代化进程中发展要素的重要性与滑雪运动的特征直接相关。其特征主要反映在滑雪运动的推广模式中。第一次世界大战之前,滑雪组织开始摆脱当地和地区

---

① John Fry.The Story of Modern Skiing[M].London: University of New England, 2006.

性滑雪俱乐部的非正式社交性和联系性,转而支持国家和跨国组织的更大权威和影响力。随着滑雪协会开始在国家层面上运作,他们调整了使命以符合国家利益。

4.1.2 传统与现代共建的阿尔卑斯区域

4.1.2.1 城市社会向阿尔卑斯区域的延伸发展

工业化的影响是社会发展的一种工具性的进步,工业成果为滑雪运动发展创造了硬件上的支持。工业化带来的成果促进了城市中“人”的改变,城市化则促进了人们观念上的转变。这一转变是基于传统农业生活向工业社会发展的过程,也是人们对于生活方式的改变、适应以及创造的过程。在实现现代化的发展进程中,人们在享受先进工业带来的成果的同时,也开始面临城市化带来的诸多问题,城市空间不足、工业污染严重等问题不断加剧,疾病开始成为困扰现代人的主要问题。健康的需要是滑雪运动萌生的重要条件,迫切摆脱疾病困扰的人们寄希望于旅游度假,而冬季运动则是他们追求健康生活方式的一种尝试。

最初,人们对于滑雪运动的尝试并非是积极接受的,而是处于健康考量而被迫接受,滑雪运动和身体健康是一种相互交织的关系。滑雪运动以健康文化的理念在欧洲旅游度假村兴起,渴望享受健康环境的德国和英国精英试图在山里呼吸新鲜空气,防止因城市废气感染肺结核。第一次世界大战以前,瑞士阿尔卑斯山附近的小镇达沃斯,聚集着成百上千的肺结核患者和在冬季休闲娱乐、沉迷体育运动的游客们,这为19世纪滑雪者日益增多奠定了基础。酒店经营者充分利用了19世纪阿尔卑斯山治疗中心的市场机遇,因为医生认为寒冷、干燥的山区空气可以改善甚至治愈一系列现代都市人的疾病,包括神经衰弱和肺结核。

冬季休闲娱乐的发展是工业社会人矛盾的心理表现,休闲娱乐成了现代社会与传统社会之间一种缓冲。人们既可以满足对自然的享受,又可以通过技术改造自然环境,建造自然中的现代城市空间。而在欧洲现代化差异发展中,先发地区成了这一趋势的主导者,欠发达资源地区已成为其城市休闲的延伸区域,服务先进区域休闲娱乐的发展。19世纪末,英、法、德游客寻求一种向上的身份象征,这在客观上带动了休闲旅游的发展。随着游客数量的增多,酒店运营商、铁路官员和旅游业的倡导者们都认识到冬季市场将成为一种发展趋势。1876 年，冬季旅游人口数量第一次超过夏天。1872 年，一共接待旅客 205 人，其中 116 名德国人，29 名瑞士人，9 名英国人等。[①] 到 1888 年，瑞士阿尔卑斯山旅游中心，辅之以技术发展、改善铁路服务和集中供热开放冬季业务。在阿尔卑斯山形成的早期度假区，至今仍然是阿尔卑斯山滑雪的重要中心。

城市化对于滑雪运动的影响，是人们在乡村中城市生活创建的过程。尽管城市化对人们造成了很多困扰，但从根本上来看，人们仍然期待在山区建立符合城市标准的基础设施，以达到身体上和精神上的恢复。而滑雪运动并非人们对于冬季活动的一种内在需求，只是夏季度假到冬季度假的延伸和发展。从项目本身来看，人们对滑雪运动的认识也不够深入，只是寄希望于身体健康的一种方式，滑雪运动的功能与疾病治疗的功效基本类似。这种对新生的外来运动的浅显认识，却是滑雪运动向现代化发展的开始，滑雪运动逐步摆脱了运输、生活等传统性质，开始向冬季娱乐化的方向发展。

4.1.2.2 娱乐、疗养与阿尔卑斯冬季旅游的开始

受到城市化影响的人们一方面享受着工业化和城市生活带来的便利，另一方面又试图逃避城市，向往自然生活。许多中产阶级的欧洲人在 19 世纪中叶涌入阿尔卑斯山，整个夏天待在阿尔卑斯山度假胜地和避暑别墅里，他们为了逃避城市的喧嚣和疏远而进行了徒步旅行和游泳等户外活动。现有滑雪基础设施、运输基础设施、服务文化和旅游活动模式使得某些阿尔卑斯山社区在 19 世纪末期做好迎接冬季运动爱好者的准备。阿尔卑斯山的滑雪并不是真空出现，滑雪者利用其现有的基础设施和休闲文化的萌芽运动，而旅游企业则通过改善他们已经足够的产品来吸引滑雪者，从而共生地受益于新兴运动和依靠 19 世纪末期旅游业增长。

滑雪运动娱乐化是滑雪运动从早期滑雪运动向现代滑雪运动转变的重要标志，滑雪运动开始出现娱乐的性质。工业社会中，休闲和工作是相对的概念，休闲意味着对于余暇时间的支配，休闲的概念在中产阶级的成员中间得到了充分的体现。娱乐性质的滑雪运动最早依附于休

---

① Surhone Lamber M. Skiing[M].Betascript Publishing，2013：132.

闲旅游而兴起，处于城市中的人们，一方面需要逃避城市化带来的问题，另一方面也希望在旅游度假中享受到现代化带来的便捷，如在满足冬季供暖等基本设施的基础上，冬季休闲才成为可能。为了应付阿尔卑斯山冬季经常令人窒息的孤独和无聊。19 世纪，许多人转而参加冬季运动，他们使用过时的运输工具，如马、雪橇或滑雪板等。这类运动唤起了他们对于原始、淳朴的休闲娱乐方式的满足。然而，滑雪场在阿尔卑斯山度假胜地没有立即兴起。18 世纪 80 年代雪橇和雪车越来越受欢迎。同样，在圣莫里茨，滑冰和平底雪橇在 1883 年第一次冬季开放后不久就成了休闲娱乐活动。相比之下，滑雪是“一种粗鲁的入侵者”。在 19 世纪后期，由于滑雪者首先到了阿尔卑斯山度假胜地，滑雪相比其他运动需要更多的练习和努力，1903—1904 年英国滑雪者建立了达沃斯滑雪俱乐部，它强调强身基督教的信条，重视促进勇敢和力量的活动。滑雪者自由地跨越无法徒步穿越的大量地形，使大英帝国的游客体验了领土征服的感觉。滑雪运动将滑冰的激情和冒险以及有舵雪橇的速度结合起来，在推进过程中，逐步改变了达沃斯的休闲格局。到了 1905 年，达沃斯娱乐设施的突出地位使得瑞士成为世界上最著名的冬季度假胜地，以滑冰比赛、平底雪橇和滑雪运动著称的冬季中心，达沃斯不再是结核病患者的健康胜地。在接下来的五年中，奥地利、德国和瑞士的山城开始出售自己的冬季健康和休闲度假胜地。20 世纪初，冬季旅游市场开始兴起，1899—1900 年冬季，莫里茨总共有 1851 名宾客抵达，在第一次世界大战前的最后一个冬天，客人已经增加至 14710 名。

4.1.3 学校教育与滑雪运动的结合

随着工业革命的发展，国民教育问题日益引起广泛重视。生产力和科技的发展对新型劳动者的要求、城市规模的扩大以及解决随之而来的各种问题的需要、资本主义的全球扩张，都要求将教育的控制权从教会转到国家，19 世纪，欧洲各国相继掀起了国民教育改革的高潮，体育也伴随这个过程最终在学校教育中得以确立。

欧洲国家对体育教育的重视由来已久，英国思想家洛克提出的“三育并重”的思想，为欧洲早期体育的发展奠定了基础。洛克认为，体育应该占据教育的首位，培养德智体全方位发展的绅士。绅士最重要的品行是勇敢，但需要以身体教育和身体能力为基础，他提倡体育作为培养绅士建议品格的重要手段。洛克思想在欧洲大陆的教育人士中间产生了巨大的影响,通过新兴资产阶级发展,他们认为体育运动是塑造合格公民的途径,而滑雪运动是培养青年人勇敢品行的重要方式,为滑雪运动在学校发展提供了理论基础。任海认为,教育是滑雪运动发展的关键性要素。教育产生的价值十分重要,通过教育学校里给孩子培养其爱好,随着从孩子到大人,这是一种价值观的培养,也是生活方式的养成。

在第一次现代化的进程中,社会领域中的教育因素是影响现代化的重要因素。具有教育传统的欧洲国家不仅将其作为了现代化的实现手段,还成了推动滑雪运动现代化实现的条件。在现代化国家建设中,德国成了工业化成果最早转化的国家。教育发展成功吸引了挪威人的南迁,促进了滑雪运动向现代化国家传播。同时教育也成了传播滑雪运动的一种重要手段,教育理念的发展极大地促进了滑雪运动向标准化、体系化发展。

在学校滑雪课程的推广中,欧洲政府对滑雪运动给予了足够的重视。法国学校教育侧重向俱乐部寻求发展经验,而奥地利则以政府主导将滑雪课程引入学校教育。法国在普法战争结束后开始重视学校体育,先后在 1872 年、1880 年、1887 年和 1905 年的法律中规定各种学校开设体育课程。① 在绅士体育思想的影响下,法国登山俱乐部、法国旅游协会的管理人员和很多学校教师一致认为,身体运动应该是个人身体和道德发展的一部分。基于此,教师和官员对第一滑雪协会和俱乐部进行考察,借鉴法国滑雪俱乐部成熟的经验,他们认为滑雪运动是一项能让民族变得灵活、有活力的运动,由此推动了滑雪运动在学校的蓬勃开展。

奥地利滑雪运动的普及更侧重依赖官方的推动,除了军方外,学校教育是大众滑雪运动发展的另一种具有官方性质的推广方式。约 1900—1908 年之间,一些领导者将滑雪运动逐渐引入学校。20 世纪 20 年代,维也纳联邦教育机构经常在教育杂志中引证学校组织滑雪课程的重要作用。在联邦教育部负责人卡尔的积极推动下,他与省内学校教育专家共同促成滑雪学校的成立,将学校滑雪课程设置为一天、八天甚至十天不等。② 随着滑雪课程被引入学校教学,滑雪运动在奥地利实现快速发展。

① Rudolf M ü llner.The Importance of Skiing in Austria.The International Journal of the History of Sport[J]. Vol. 30, Mar 2013, 659 - 673.

② http: //www.fis-ski.com/inside-fis/about/fis-history/history/index.html.

4.1.4 阿尔卑斯地区滑雪中心地位的确认

4.1.4.1 有闲阶级与高山滑雪文化的发展

英国是先进工业文明的中心,也是现代体育发展最早的国家。英国历来重视体育的作用,绅士教育对体育的提倡促进了现代体育尤其是户外体育运动的发展。

滑雪运动在欧洲的传播,英国上层贵族成为其兴起和发展的先导力量。阿尔卑斯区域休闲文化的兴起,其实质上是为在资源优质地区再造另外一个英国,而欧洲阿尔卑斯地区以英国为导向挖掘资源、发展休闲文化。

1903 年,英国滑雪俱乐部在瑞士达沃斯建立,公立学校高山运动俱乐部逐步扩大滑雪运动的影响力。英国俱乐部在瑞士的建立,是对瑞士优质资源的占有和控制,而英国贵族的行为也逐步改变了阿尔卑斯区域的文化。阿尔卑斯休闲文化,是带有英国休闲度假性质的贵族文化,其参与群体多是社会精英。1914 年,5432 名会员中 1370 名是女性,其中 503 名在伊顿(9%),252 名在哈罗(4.5%),186 名在橄榄球(3.5%),170 名在马尔伯勒(3%),162 名在沙特豪斯(3%),117 名在温彻斯特(2%),102 名、98 名和 90 名在海利伯里、切尔滕纳姆和克利夫顿(各约 2%)。[①]

对英国而言,滑雪运动在阿尔卑斯地区是休闲文化之外的外来文化,只是一种休闲娱乐的体验方式。工业革命中传入的北欧滑雪运动,虽为阿尔卑斯地区提供了一种新的游戏形式,但缺少与之相匹配的实践环境。北欧传播的越野滑雪和跳台滑雪具有明显的地域特征,是具有生存方式性质的滑雪运动形式。而对上层贵族而言,其休闲度假已经成为一种生活方式。在滑雪运动日益发展之时,新的滑雪运动形式开始酝酿发展。高山滑雪运动的发展是越野滑雪运动基础上的模仿与创新。"Slalaam"来自挪威斯拉夫语,意思是围绕自然障碍物的下降,以证明滑雪者能扭动和转动。这是 1879 年挪威的一个比赛项目。但这个项目不受欢迎,在 1906 年重新引入,以消减年轻滑雪者开始重视跳跃的现

---

① Andrew Dening.Skiing into Modernity: A Culture and Evironmental History[M].University of California Press, 2013.

象。比赛在森林中竞赛,参赛者在森林与岩石之间蜿蜒前行,速度最快者被视为冠军。英国滑雪俱乐部的阿诺德·伦恩爵士,从这一运动中找到了灵感,逐步发展高山速降项目,小树枝被用来确定滑雪路线,这样滑雪登山者就可以练习安全滑到谷底的旅馆。1921 年和 1922 年,被誉世界高山滑雪运动先驱之一的英国爵士阿诺德·伦恩,在瑞士米伦组织到了高山滑雪史上第一次回转和滑降比赛。阿尔卑斯区域兴起的高山回转逐步成了滑雪运动重要的项目形式,至此,滑雪运动项目形式开始从技巧性向休闲参与的项目形式发展。阿尔卑斯地区也成了上层滑雪运动文化的核心区域,其向外输出的文化理念成为后发国家效仿追逐的主流。

4.1.4.2 冬奥会的开端:夏莫尼冬奥会的举办

冬奥会是滑雪运动向现代化发展的一个重要开始,发源于亚寒带地区的滑雪运动实现了地域范围上的推广,参与群体、参与的地域都实现了前所未有的发展。国际性赛事的发展,将滑雪运动推向了新的发展高度。而这一赛事的形成,是滑雪运动参与人群扩大化、滑雪地域规模化、滑雪组织兴起和滑雪赛事规范化等多方面的结果,为滑雪运动国际化发展提供可能,也是该阶段滑雪赛事国际化特征的重要体现。徐达认为,冬季项目的发展对社会发展要求较高,不同于夏季冬奥会的发展。① 从冬奥会的发展历史来看,冬奥会比夏奥会发展大概要晚 30 年,这是冬奥会的发展规律。第一届夏奥会是 1896 年的雅典奥运会,第一届冬奥会是在 1924 年法国的夏莫尼举办的,相差了快 30 年的发展时间。

自 1896 年起,滑雪比赛就在中欧像德国、奥地利等国家进行。随后在意大利、瑞士组织开展。1906 年,法国高山俱乐部创立了冬季运动委员会并组织了第一届国际性滑雪比赛,比赛结合了娱乐项目和身体练习项目,男女均可参加比赛。1907 年 2 月 9 日—12 日,日内瓦峰的国际滑雪比赛由法国高山俱乐部和法国军队联合举办。由于地区局势的日益紧张,欧洲各国纷纷加强军事戒备,滑雪比赛的内容以军事性为主,为即将到来的战争随时备战。比赛项目包括了越野滑雪、跳台滑雪等项目。比赛的多数参与者来自军队,少数居民滑雪者来自挪威和瑞士。

① 徐达.媒介融合背景下冬奥会电视新闻报道研究 [J]. 新闻研究导刊,2020,11(3):96-97.

1912 年，挪威军队在奥斯陆组织了一次以“为了战争日”命名的滑雪设计赛。比赛滑行距离为 17 公里。途中射击两次，每次 10 发子弹，每射中一靶在滑行总时间内减去 2 分钟。不久，挪威皇家卫队也进行了类似比赛。从 1918 年开始，这种比赛在挪威定期举行，每年一次。

随着欧洲冬季单项协会的兴起，冬季项目在很多国家发展开来，人们建立国际滑雪组织的意愿日益迫切。1908 年在伦敦举行的第 4 届奥运会，将花样滑冰纳入竞赛规程，这次比赛吸引了大批观众的观看，大批热衷冬季项目的爱好者，为争取冬季奥运会的举办进行积极努力。1924 年，国际滑雪联合会在法国夏莫尼成立，并决定从 1925 年开始，每年举办一次国际锦标赛。1924 年，来自 16 个国家的 258 名运动员在勃朗峰山脚下的夏莫尼进行了越野滑雪、跳台滑雪、北欧两项、有舵雪橇、花样滑冰及冰球 7 个项目的比赛。在夏蒙尼举行的这次“奥林匹克冬季运动会”引起了人们的强烈兴趣。1925 年在布拉格举行的国际奥林委员会第 22 次会议一致决定将冬奥会定期举行，并追认 1924 年夏莫尼“奥林匹克周冬季运动”为第一届奥运会。随着冬奥会的举办，进一步推动了滑雪运动在世界范围内的普及和发展。

在 1924 年的冬奥会上，雪上项目居多，很多带有军事性质。“一战”前夕欧洲各国组织发展的军事滑雪，以体育比赛的形式体现出来。滑雪射击被视为军事巡逻项目参加了第一届冬奥会的表演，冬季两项由此诞生。此后，军事巡逻又先后两次成为冬奥表演项目（1928、1948 年）。军事巡逻赛中，法国获得了表演赛的季军，而滑雪传统国家挪威几乎包揽了雪上项目的所有奖牌。

4.1.4.3 欧洲阿尔卑斯区域的国际效应

在两次世界大战期间，欧洲国家遭到巨大的打击。急于战后重建的阿尔卑斯地区将滑雪运动发展上升至国家高度，阿尔卑斯区域在先前发展基础上再次蓬勃发展。1920 年体育部长加斯东 · 维达尔（Gaston Vidal）说：“体育已成为国家的事情，体育崇拜不仅与旅游业的未来有关，还与法国人的未来有关。”[①]1921 年，法国政府投资 100 万法郎发展旅游业，一半投入国家旅游局，另一半在法国高山滑雪俱乐部和法国旅游俱乐部之间平分。法国西部上萨瓦省的梅杰夫（Megève）小镇在战

① E.Joh B.Allen.History of Skiing[M]. UK ： The Scarecrow Press，2012.

后发展起来，在 1914—1939 年的二十五年，梅杰夫从三家酒店增长到 66 家，从 140 个床位增加到 2400 个。[①] 为了振兴民族发展，在战后一年，国防部以 10000 瑞士法郎的补助金作为阿尔卑斯俱乐部的发展。

在 20 世纪 20 年代，瑞士与法国的游客竞争最为激烈。1920 年，该国旅游局在各种高山滑雪场列出了 120 个冬季度假胜地。

表 4-1 瑞士滑雪场分布情况[②]

纬度(英尺)	滑雪场数量	地点
5000 以上	15	圣莫里茨、达沃斯等
4500 ~ 5000	13	伦策海德、莫尔然等
3500 ~ 4000	15	阿德尔博登、维拉尔
3000 ~ 3500	20	德尔瓦尔德、恩家丁等
3000 以下	16	麦林根

随着 1927—1928 年的冬季开始，瑞士开放了瓦莱州采尔马特到尼克劳斯部分区域，采尔马特迅速成了新的度假区。瑞士的旅游市场主要面向英国市场，为迎合需要，在皇家航空公司到圣莫里茨的飞机上的小册子详细介绍了铁路连接、护照和海关条例、酒店和旅舍的成本、运动设备的可用性。随着滑雪市场的发展，人们对于度假地的服务要求也不断增多，希望所有的酒店都配备带修理包的滑雪室，电动打蜡、熨斗和救济地图；在山坡上应该有专人对雪道进行维护，保持人们的转弯回旋。侧面反映了滑雪板、打蜡等基本设施的发展，同时也反映了人们对于雪道专业性的要求的增强。

随着滑雪群体不断扩大，但旅游度假仍属于社会上层的名流。一战后，各国王室成员到访国家滑雪度假地，滑雪运动被视为国家重视的项目，而贵族的到访也显示出旅游度假区的发展趋势。1935 年，英国威尔士亲王、比利时国王阿尔贝于 1929 年到访梅杰夫(法国)，荷兰皇室于 1937 年前往波兰，1939 年好莱坞皇室成员道格拉斯费尔班克斯和查

① Roland Huntford.Two Planks and a Passion-The Dramatic History of Skiing[M]. Great Britain， MPG Books Ltd， 2008.

② Roland Huntford.Two Planks and a Passion-The Dramatic History of Skiing[M]. Great Britain， MPG Books Ltd， 2008.

理·卓别林出现在圣莫里茨体育场。[①]欧洲滑雪市场的发展吸引了美国人的注意，1934—1935年间共有8600名美国人选择到欧洲滑雪，其中瑞士的米伦小镇和奥地利的阿尔贝格成了特定的目的地。而对于美国人而言，欧洲贵族的行为模式一直都是其效仿的典型，但跨国体验已不能满足他们需求，在本土打造像欧洲一样高品质滑雪场的意愿日益迫切。

4.1.5 小结

以生活、作战等实用形式出现的滑雪运动，在早期实现工业化的国家出现。从根本上说，滑雪运动的萌生，是工业社会中人们对于冬季休闲娱乐的需要，而南森偶然的横穿格陵兰岛的举动填补了冬季休闲的空缺。在这一阶段，欧洲国家占据了滑雪运动优先发展的地位。从社会条件来看，欧洲是工业国家发展的中心地带，而地域优势又促成了挪威滑雪运动向欧洲传播。在工业化的促使下，城市通往山区的铁路开始修建，为饱受城市化带来问题的人们找到了回归自然的机会，健康观念、休闲观念以及向贵族阶级趋同的观念，催生着新兴的上层阶级到山区休闲度假。随着第一次世界大战的临近，法国、意大利通过将滑雪运动作为军事备战的重要方式，而奥地利则通过学校教育普及大众滑雪，储备战时滑雪力量。在广泛滑雪运动普及的同时，滑雪组织实现了从地方到国际层面的发展，第一届冬奥会在欧洲举办。

滑雪运动由早期的日常实用性开始向休闲娱乐转变，在上层精英构建滑雪俱乐部推动了山地周边滑雪运动的发展。而欧洲在滑雪组织方面的专业性以及从地方到国际层面的架构，奠定了欧洲在滑雪运动萌生期间的主导优势，也不难理解为何后来冬奥会多在欧洲举办。在欧洲教育理念指导下，学校滑雪课程使大众参与成为可能，打通了精英户外运动向大众普及传播的路径。

① Andrew Dening.Skiing into Modernity：A culture and Evironmental History[M].University of California Press，2013.

4.2 美国现代化的追赶与滑雪运动发展逻辑

美国位于北美洲中部,东西两侧分别是大西洋和太平洋,北临加拿大,南接墨西哥,地理条件得天独厚。在过去的二百多年里,美国从世界第一次现代化的追赶者成为世界第二次现代化的先行者。

美国的山地主要分为西部的落基山脉以及东部的阿巴拉契亚山脉。东部的阿巴拉契亚山,东起美国的新罕不什尔州,南至乔治亚州,英国最初建立的13个殖民地就在这南北的狭长地带。阿巴拉契亚山北部包括缅因州的卡塔丁、新罕布什尔州的怀特山以及佛蒙特州的格林山,三个州是美国东部滑雪运动发展的集中地区,也是美国国有滑雪场最集中的地区,其中怀特山的普莱西德湖是美国举办过两届冬奥会的地区。

西部的落基山从加拿大不列颠哥伦比亚省到美国南部的新墨西哥州,南北延伸的落基山气候多样,高原、山地、冰川等多样地貌环境为滑雪运动提供了地形优势。沿落基山脉自北部向南穿过的地区,就是滑雪运动的集中兴起地区。从北部加拿大不列颠哥伦比亚省的班夫到美国境内的犹他州、爱达荷州、犹他州以及科罗拉多州是滑雪运动发展最为集中地带。

4.2.1 美国现代化进程

在现代化进程中,美国曾是世界经典现代化的追赶者。[①] 在1763年英国工业革命如火如荼进行时,美国仍是英国的一个海外殖民地。1775—1783年的独立战争,宣告一个新国家的诞生。在英属北美殖民地建立之初,欧洲移民力图按着欧洲模式进行美国社会建设。然而,北美不同的环境和条件,迫使他们改变母国的制度创造性地建造了“新大陆”。北美作为西欧新兴资本主义在海外的新试验场和新边疆,跳跃式地完成了历史阶梯,成为新的工业中心。[②]

① 何传启.中国现代化报告2004——地区现代化之路[M].北京:北京大学出版社,2011:30.

② 罗荣渠.现代化新论:世界与中国的现代化进程[M].北京:商务印书馆,2004:189.

19 世纪，美国完成了从乡村社会向城市社会、从边缘小国向世界大国的转变。在这一进程中，领土扩张、西部开发、制度创新等要素共同作用，推动美国社会发生深刻的社会转型。在第一次、第二次工业革命的推动下，美国逐渐成了世界现代化程度最高的国家之一。

美国工业化始于美国东北的新英格兰地区。1790 年美国罗得岛州建立了英国的水利纺纱厂，英国的纺织技术迅速在美国传播开来，成为美国工业化的起点。新技术的发展带动了其他行业也纷纷转向工业生产，引起了美国社会经济发展的巨大变革。1812—1814 年"第二次英美战争"结束后，美国制造业进入快速发展时期。

以棉纺织的发展为契机，美国经济在 19 世纪上半期取得了巨大的成功，1860 年，美国全国制造业的总增加值已经达到了 8.54 亿美元。[①]经济学家麦迪森估算，美国国内生产总值在 1870 年已经赶上和超过英国，美国人均 GDP 在 1905 年追赶并超过英国（如图 4-1）。[②]19 世纪，借助英国技术发家的美国仍是一个追随者和模仿者。在 1870 年的第二次工业革命中，美国后来居上，在电灯、电话、发电机、机床等技术上超过了以蒸汽动力技术为主的英国。20 世纪初，世界技术中心从欧洲向美国转移。20 世纪以来，以美国为代表的西方国家多采用"混合型经济"发展模式实现了第一次现代化。[③]

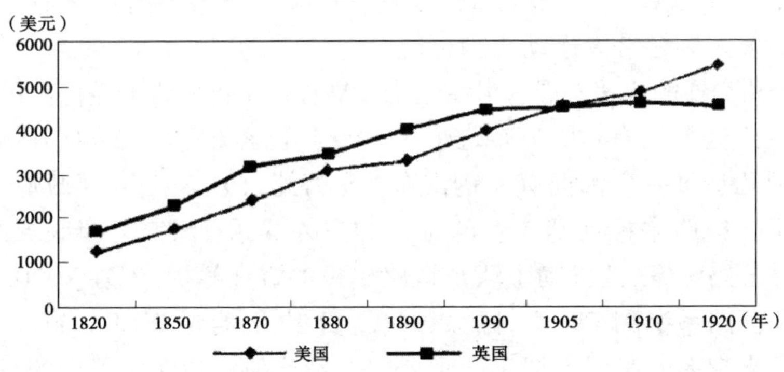

图 4-1　19 世纪美国追赶英国的过程

资料来源：何传启 . 中国现代化报告 2004——地区现代化之路。

① 钱乘旦 . 世界现代化历程（北美卷）[M]. 苏州：苏州人民出版社，2010.

② 何传启 . 中国现代化报告 2004——地区现代化之路 [M]. 北京：北京大学出版社，2011.

③ 何传启 . 中国现代化报告 2011——现代化科学概论 [M]. 北京：北京大学出版社，2012.

4.2.2 工业社会对滑雪运动的内生需求与新尝试

4.2.2.1 交通网络延伸发展与冬季资源潜能挖掘

（1）公路建设。

美国经济现代化的一个显著特点就是在工业化过程中都伴随着交通运输不断改善和升级。交通运输革命既是经济现代化一个重要的推动力，又是工业化的重要组成部分。美国独立后，落后的陆路交通状况越来越成为经济发展的障碍。为了改变这一糟糕的状况，1791—1794年兰卡斯特公路修建完成，连接了第一大城市费城和宾夕法尼亚较为富庶的兰卡斯特县。18世纪末到19世纪初期，新英格兰和中西部兴起了广泛的公路建设运动。[①] 除了公路建设外，陆路交通改善的另一个重要举措是国道的修建。1806年，联邦政府完成了坎伯兰大道的建设，在汽车时代后改建成为著名的40号高速公路。

20世纪20年代汽车成了社会象征。汽车开始重新定义了滑雪旅游的形式。火车旅游是少部分人的休闲活动，而公路交通则更贴近普通群体。从滑雪体验来看，火车更多侧重于滑雪旅游，而公路将人们带到与城市临近的郊区，更加注重滑雪休闲体验。从参与范围来看，公路建设使更多人接触滑雪运动成为可能。

公路交通的快速发展为滑雪运动发展提供了可实现的条件。1919年，美国上路汽车只有670万辆，到了1929年已经超过了2700万辆，意味着美国几乎每一户都拥有一辆汽车。[②] 为此，1916年，联邦政府采取了两项重要措施来推动驾车者的旅行和户外娱乐：国家公园服务组织法和联邦公路法案，这推动了联邦道路建设的资金筹措。[③] 在1920年美国道路和公路系统翻了一番，国家每年花费20亿美元，用于修筑和维护道路。越来越多的美国人把车开到公园去确认他们在休闲娱乐的身份，人口不断流动驱使更多地区将人们引入到当地促进经济发展。到了1929

---

① 钱乘旦．世界现代化历程（北美卷）[M]．苏州：苏州人民出版社，2010：92.

② 乔纳森·休斯（著），邸晓燕（译）．美国经济史 [M]．北京：北京大学出版社，2007.

③ Jonathan David Anzalone.Creating a Modern Wilderness Playground： The Transformation of the Adirondack State Park， 1920–1980[D]. Stony Brook University，2012.

年，美国拥有道路 82.5 万英里。①

1925 年纽约州立法机关通过了一项建议修改第七条第七款的内容，允许通过森林保护区建造一条从威尔明顿到怀特费斯山顶的高速公路，挖掘现代纽约人娱乐的潜力，以提振阿迪朗达克地区的经济。②阿迪朗达克周边的社会组织积极响应这一提议，由萨拉纳克湖商会、普莱西德湖商会和威尔明顿商会组成委员会，阿迪朗达克市民联盟也加入了他们的行列，将高速公路称为“爱国主义和进步的行为”，关乎着驾驶者的体验和阿迪朗达克的经济利益发展。③怀特费斯路不是连接城市的通道，也并非方便货物的装运，而是像蓝脊公园路一样将人们引入到自然优美的地区，在驾车旅游休闲中体验美景，或是休息放松时走进当地的商店、酒店和餐馆消费，增加经济收益。

在纽约州之后，1928 年科罗拉多州莫法特隧道（丹佛—盐湖城铁路线）的开通，开启了科罗拉多州的西坡扩大了冬季的旅行范围。处于科罗拉多州西坡的芬兹山脉走廊④以及山脉周边小镇伯绍德⑤等地区受到人们关注。1931 年，科罗拉多州高速公路部门借助隧道的开通，实现了美国 40 号公路全年开放，冬季旅游伴随公路开通出现变化。丹佛市以及周边郊区通过的汽车在冬季第一次出现增长，丹弗的游客开车到通道的顶端去滑雪，在通道的积雪山顶上玩耍。通往伯绍德的山路也很快流行起来。伯绍德架起的钢丝绳吸引了芬兹山脉走廊周边数百名滑雪者的光顾。到 1939—1940 年冬季共吸引了 23500 名滑雪者，⑥伯绍德是该州最受欢迎的滑雪目的地之一。伯绍德山路的汽车增长反映了滑雪人口在整个美国的增多。

---

① 詹姆斯·柯比·马丁，兰迪·罗伯茨 . 美国史（下册）[M] 北京：商务印书馆，2012.

② Jonathan David Anzalone.Creating a Modern Wilderness Playground： The Transformation of the Adirondack State Park， 1920-1980[D]. Stony Brook University，2012.

③ Jonathan David Anzalone.Creating a Modern Wilderness Playground： The Transformation of the Adirondack State Park， 1920-1980[D]. Stony Brook University，2012.

④ https：//en.wikipedia.org/wiki/Front_Range

⑤ https：//en.wikipedia.org/wiki/Berthoud_Pass

⑥ Anne Gibert Coleman.Culture， Landscape， and the Making of the Colorado Ski Industry[D].Unviersity of Colorado，1992.

（2）铁路发展。

铁路在滑雪运动萌生之初就是带动其发展的最直接动力。在兴起阶段，铁路发展推动着滑雪运动在地域范围上的广泛发展，人们也开始借助铁路交通挖掘潜在的滑雪资源。从此前服务运输贸易的铁路运输，转变为以旅游消遣的运送服务，是公共交通在新阶段的发展。铁路可以实现短期滑雪体验，缩短往返的行程，是公路交通的一种有效补充。其中，最为典型的就是1931年波士顿和缅因州铁路公司决定尝试滑雪列车，在列车途经地区寻找所有潜在的滑雪中心。滑雪列车的开通不是美国本土的创新，仿照欧洲滑雪旅游专列的模式。欧洲滑雪列车在第一次世界大战之前就已经很流行，虽受到战争影响停开，但在1919年逐步恢复。滑雪列车改变了冬季运动假期的性质，相对便宜的冬季体验吸引了人们对于冬季运动的向往，也鼓励了东部的新英格兰州、新罕布什尔州等东部地区打造自己的冬季中心。

除此之外，随着工业化和现代化水平的逐步提高，人们对于技术的掌控能力逐步增强。铁路修建的范围越广泛，就越有可能开发优势的滑雪资源，以拉动滑雪运动发展为目的的线路也开始出现。美国第一个滑雪度假村是通过太平洋铁路的修建，以欧洲的发展模式为蓝本打造的。

公路和铁路之间相互补充，满足了不同群体旅游的需要，也重新定义了城市与旅游地之间的距离。公路和铁路逐步成为人们滑雪体验的实现方式，滑雪运动借助这一要素实现了在地域上更广泛的发展。欧美国家的滑雪专列或是特定滑雪专线是滑雪运动市场需求增长的表现，也是反映出滑雪运动发展区域的早期规划。滑雪列车是经济水平较高城市对于周边滑雪资源的挖掘，是满足短暂消遣的重要方式，而滑雪专线则是对于更广泛范围的优质滑雪资源的探索，是一种更高层次的体验。至此，滑雪运动发展在阿尔卑斯地区早期发展模式基础上形成了层次化的发展。即以城市中郊区、公园地区为中心的滑雪区域的兴起；以经济发达地区周边乡村、城镇滑雪区域的兴起以及以高端的服务、优质雪资源发展的滑雪度假区的兴起。公共交通的发展是滑雪运动得以发展的重要促进因素，同时也是滑雪运动后发区域实现快速发展的基础性措施。

4.2.2.2 城郊公园滑雪运动开展的新趋势

（1）郊区化发展。

滑雪运动兴起阶段，城市化也步入了新阶段，面临依旧存在的污染和健康等问题。反对城市化的声音也日益高涨，他们拒绝那种旧世界城市的高密度的生活方式，希望将乡村和自然尽可能多地引入城市之中。至此，城市公园逐步成为人们对于自然生活方式的寄托，也成了人们开展户外运动的重要载体。像公园、城市周边的郊区都是郊区化的重要表现，而这些地区都成了后期新的滑雪旅游的重要区域。

面对工业社会带来的问题，国家公园机构迅速响应解决问题，为人们创造城市周边的户外运动环境。第二次全国公园大会，"国家公园……是现代美国人生活中不断增长的因素，也是最有希望的因素之一。恶劣的环境不仅使人类受到生命的威胁和损害，还威胁到人们的灵魂的完整"。公园和运动场协会主席高登解释道："随着城市社区日益拥挤，提供新鲜空气，林地空间和享受大自然的机会的必要性变得越来越紧迫和困难"。① 为了满足不断增长的城市人口的娱乐需求，1924 年 4 月，纽约州长艾尔弗雷德 · E. 史密斯批准设立国家公园委员会，该委员会由各地区委员会组成，负责协调整个州的公园规划和发展，该委员会使国家公园服务有钱人，同时满足任何一个有车的人进入公园。②

在城市不断发展过程中，许多美国的中产阶级白领却开始向市郊移居，这一新动态改变了交通方式。而工业领域中汽车制造业发展也推动了人们生活方式的改变。人们在周末开车外出郊游，逐步改变了周末到教堂做礼拜的方式，开始尝试户外休闲。随着越来越多的白领工人享受双休周末和带薪假期，工厂的机械化和生产力的提高减少了蓝领工人平均投入的时间，人们的可支配收入和闲暇时间不断增加。在制造业部门，1910 年每周工作时间为平均 51.0 小时，1920 年将为 47.4 小时，1929 年进一步减少到 44.2 小时。③ 著名的休闲理论家理查德 · 克劳思

① Andrew Denning.Skiing into Modernity.A Cultural and Environmental History[M].University of California Press，2014.

② Jonathan David Anzalone.Creating a Modern Wilderness Playground：The Transformation of the Adirondack State Park，1920–1980[D]. Stony Brook University，2012.

③ 钱乘旦 . 世界现代化历程（北美卷）[M]. 苏州：苏州人民出版社，2010.

(Richard Kraus)认为,闲暇是人的一部分随意性的时间,这部分时间不用来致力于人的工作和与工作有关的职责或其他的持续性的活动。人们可以以各种不同的方式运用闲暇,它或者用来满足个人自我丰富和娱乐的需要,或促进社会的健康存在。[①]1919年,美国人用于娱乐的总开支约为25亿美元,到1929年增至43亿美元,其中21%用于看电影、戏剧和体育比赛,其余部分用于旅行、听音乐和阅读。[②]汽车载着人们走出城市寻找向往的娱乐场所,在城市休闲和健康追求的相互促进中,富有的美国人开始在海边和森林寻找健康的水、空气,在自然环境中缓解压力,逃离萎靡不振的城市生活。[③]

追求健康是北美的一个共同趋势。现代城市生活压力使中产阶级和上层阶级到加拿大乡村旅行,"充分地接触野生自然,通过对大自然的向往以抵消文明生活的削弱作用"。[④]紧随美国的黄石公园、约塞美蒂公园,世界第三大公园——班夫国家森林公园建立。[⑤]班夫国家公园建立的初衷,就是让市民"回归自然"。为了改善人们的健康和精神,医生提出一种叫作"荒野治疗"的医疗方法受到人们追捧。国家公园发展被认为是荒野的避难所,为旅行者提供了理想的地点以帮助其从现代生活的弊病中恢复过来。这不仅吸引了新游客,还鼓励许多人以更积极的眼光看待自然。

城市中的公园和郊区的发展,为滑雪运动兴起提供了新的空间,也为滑雪运动发展提供了新思路。滑雪运动不再是局限于城市周边山区的活动,也可能是城市森林公园中的活动体验,但从根本上来说仍然是以自然山脉为基础进行的活动。

森林公园是北美滑雪运动发展的主要区域,在公园旅游的带动下,这些国家公园周边开始酝酿发展成早期的滑雪区域。在滑雪运动兴起之际,约塞美蒂公园的斯阔谷滑雪场黄石公园周边的胡德山滑雪场、太

---

① 邱招义.西方体育发展演变对中国体育改革的启示[J].沈阳体育学院,2015.

② 钱乘旦.世界现代化历程(北美卷)[M].苏州:苏州人民出版社,2010.

③ Dylan Jim Esson.Selling the Alpine Frontier: The Development of Winter Resorts, Sports, and Tourism in Europe and America, 1865-1941[D].University of California, 2011.

④ Zac Robinson. Off the beaten path? Ski Mountaineering and the Weight of Tradition in the Canadian Rockies, 1909 - 1940[J].The Intereational Journal of the History of Sport, 2007(9), 10.

⑤ 张海霞.国家公园的旅游规划研究[D].上海:华东师范大学,2010.

阳谷滑雪场，阿迪朗达克公园的白面山滑雪场以及班夫国家公园滑雪场都成为后期滑雪运动发展的重要基地。森林公园区别于城市周边小镇或山区的发展，由于国家对于森林公园的掌控和管理，滑雪运动在发展期间也必然受到控制和国家政策的影响。从滑雪区域的经营性质来看，为后期国有滑雪场的形成奠定了基础。

（2）城市滑雪休闲发展。

20世纪30年代滑雪运动的兴起，反映了人们对于户外娱乐的追求。由于休闲时间的增加和汽车保有量的增加，美国各地的户外休闲活动蓬勃发展，数百万美国人涌入城市公园、公共海滩、国家公园、国家森林，进行观光、远足、钓鱼、游泳、野餐和滑雪等户外活动。1916年国家公园管理局的创建，[①] 反映出美国人不仅对自然资源的欣赏性增加，同时也推动公园组织改变娱乐空间的预期功能和结构规划。此前，吸引人们到公园观看美景的功能已经不能满足需求，建立基础设施，四季型的旅游模式已经是人们心之所向。

19世纪末，滑雪运动吸引了美国人的注意。这一时期，美国的中产阶级与欧洲中产阶级一样开始接受自行车运动，并将其作为一种休闲娱乐活动。这一低价的体育活动满足了人们对于速度和健身的需求，同样也是美国中产阶级对枯燥繁重工作的反抗与释放。滑雪运动的出现，满足了人们参与冬季有氧活动的渴望。

为了缓解城市生活的压力，森林公园开始允许在私人和国有土地上新增冬季运动设施。从1916年到1922年间，全国森林参观人数从240万增加到了620万。[②] 随着美国人通过对自然与娱乐活动的重新塑造，城市与周边地区的关系也随着农村腹地向城市游乐场的转变而发生变化。从东部到西部，全国境内各个州开始兴建滑雪区域，19世纪30年代初集中兴起了一批滑雪度假区。

在加利福尼亚州南部，箭头湖（Lake Arrowhead）滑雪场于1932年在圣戈尔戈尼奥山脉开放。[③] 在新英格兰，每个周末都有数千人乘坐佛蒙特州、新罕布什尔州和纽约的火车去滑雪场。优胜美地的瓦沃纳隧道

① Anne Gibert Coleman.Culture， Landscape， and the Making of the Colorado Ski Industry[D].Unviersity of Colorado，1992.

② Jonathan David Anzalone.Creating a Modern Wilderness Playground： The Transformation of the Adirondack State Park， 1920–1980[D]. Stony Brook University，2012.

③ Walter Claire.Rocky Mountian Skiing[M]. Fulcrum Publishing，1996.

在1933年开放,创造了进一步的娱乐机会,因为它提供了进入优胜美地山谷上的斜坡。接下来的冬天,优胜美地吸引了大约1万名游客,优胜美地公园总裁唐纳德·特里斯德尔向优胜美地国家公园官员提交计划,要求他们在巴格(Badger Pass)创建滑雪场、滑雪道、滑雪缆车和停车场。优胜美地的发展并不是单独个案,美国的公园相继修建滑雪设施推进滑雪运动发展。俄勒冈州的胡德公园有意向滑雪者开放,北部的雷尼尔国家公园选择保留天堂旅馆冬天营业,度假村很快在全国其他地区开始形成,冬季旅游开始成为旅游的新方向。在科罗拉多州,阿斯彭的矿主弗林、两届奥运雪橇冠军比利·费斯克发现了科罗拉多州的阿斯彭,在银行家泰迪·瑞安(Ted Ryan)的帮助下,1936这些人组成了高地巴伐利亚公司,后来发展成为阿斯彭滑雪的集团(Aspen Ski Company)。[①]科罗拉多州西部的犹他州,阿尔卑斯山滑雪俱乐部的成员说服了州政府官员在1937年通过大白杨(Big Cottonwood)峡谷开辟道路,通往该州的瓦萨奇(Wasatch)山,胡德山的林线酒店(Timberline Lodge)于1938年开业。

4.2.3 社会经济萧条下滑雪运动的发展出路

4.2.3.1 经济发达地区滑雪运动的先行发展

1929年,美国经济表面显得异乎寻常地健康发展,在"一战"之后一路飙升。从1919年到1929年,美国工业生产增加了30%,人均收入已从520美元增长到681美元,美国工业生产占据全世界的50%,尽管如此,美国经济已经难掩衰退的形势。1929年,经济学家认为,维持一个家庭一年开支需要2500美元,然而,60%以上的美国家庭年收入不到2000美元,其收入只够用于生活必需品。[②]尽管美国的电气化生产提高了劳动效率,但是在矿业、运输业和制造业中,工资停滞不前,甚至有所下降。在第一次世界大战之后,农业也一直处于低迷状态。第一次世界大战之后,由于欧洲农业重新恢复活力,而阿根廷和澳大利亚等国家的谷物也进入了世界市场。美国的农场主饱受世界市场中谷物价格

① Michael W. Childers.Fire on the mountain： Growth and Conflict in Colorado Ski Country[D]. University of Nevada， Las Vegas，2010

② 王育伊.美国经济生活史[M].上海，上海社会科学院出版社，2016.

的困扰，背负巨额债务。数以万计的农场主拖欠债务，银行系统受到巨大压力。衰退的经济形势使得收入分配差距不断加大，20 世纪 20 年代，财富和收入转移到了富豪手中，在 1919—1929 年之间，美国人口中 1% 的最富有者所得的社会财富份额从 12% 上升至 19%。[①]

第一次世界大战后，世界经济遭受重创，各国开始实施经济调控，并针对农业、就业等领域大力促进经济发展。根据第一次现代理论，20 世纪西方国家采取以混合经济模式来促进国家发展。20 世纪 30 年代，田纳西水电工程建立，这一工程的目的是提供便捷、制造肥料、控制水灾等，同时还考虑了生态保护、植树造林、帮助贫困的农民开发他们的娱乐场所等。[②]

由于已经具备了较之前兴起阶段更加完善的基础设施，以及积累了一批滑雪运动的爱好者，经济和滑雪运动在这一时期呈现出一种双向的互动作用。一方面，经济促进为滑雪运动的兴起提供了条件，同时，滑雪运动逐步开始成了促进经济发展的一种有效途径。

滑雪运动的自然特征决定了其在兴起之初，就要求具备相应的基础设施。除了工业交通的改善，山区的小镇、乡村的基础设施也亟待改善和提高。住宿条件、供电供水是城市人们生活的基础，尽管他们期待自然生活带来的愉悦，同时也习惯于现代化生活带来的便捷和舒适。这与欧洲阿尔卑斯地区的滑雪区域早期萌生具有连贯性，具备自然条件的区域可以通过基础设施改善实现滑雪区域的建设。1932 年罗斯福当选美国总统，为复兴国家经济实施了新政，新政举措中的两个部分对滑雪运动的发展起到了至关重要的作用，一是对农业的恢复，二是对就业的促进。最著名的就业计划之一就是建立民间资源保护队，到 1933 年中期，约有 30 万年龄在 18 岁到 25 岁之间的男性无业青年到国家公园和林区工作。[③] 服务林业工人一定程度上帮助了最初滑雪设施的修建，最初在美国公园周边的滑雪场的雪道建设等工作都是在民间资源保护队的支持下完成的。东部发达的交通网络和改善的交通设施，促使滑雪者都涌向了东北部，特别是新罕布什尔州。从地方到联邦层面，政府机构都意识到吸引大批冬季游客的经济潜力。

① 卡罗尔·帕克，克里斯托弗·米勒．美国史 [M]. 北京：东方出版中心，2010.
② 周学光．组织社会学十讲 [M]. 北京：社会科学文献出版社，2003.
③ 詹姆斯·柯比·马丁，兰迪·罗伯茨．美国史（下册）[M]. 北京：商务印书馆，2012.

经济促进是政府对于市场的把控,反映了滑雪运动在发展过程中多方领域的支持。滑雪运动以自然条件为依赖发展,但更加明确了在雪道、雪场建设、住宿等更高层次的需要。在此之前,滑雪运动还停留在找到适合的山坡向下滑行,而专人修建雪道已经成为一种发展需求。需求的变化实现了滑雪运动与经济促进之间的互动关系,滑雪运动在经济促进下成了带动经济发展的手段。到了 1935 年,在新罕布什尔州共有 55 条滑道,总共提供了 115 英里的滑雪场。[①] 佛蒙特州也开始清理道路,扩大停车场; 1936 年,滑雪者热切期待的佛蒙特州滑雪道有了进一步发展,其修建成了颇具挑战的滑雪道,其中一条 1 英里的雪道落差达到了 2400 英尺。[②]

在经济促进下,滑雪运动更加明晰了滑雪场地和周边用地的界线。从滑雪运动开展的区域来看,山区、森林公园、滑雪场甚至已经渗透到农民的私人用地。这一方面是体现了滑雪运动已经开始具有了一定的参与群体,另一方面体现了滑雪市场逐步满足了人们的差异化的体验。对于城市而言,临近城市最近就是国家森林公园和牧场,城市中森林山坡多属于国家公共用地,未经国家允许不得开发,因而拥有斜坡的牧场和伐木道路的地区最早成为了滑雪道。

总体而言,滑雪运动已经成为城市周边人们消遣的一种户外活动。从发展区域来看主要是集中在经济发达地区,人们对于这一运动开始呈现出广泛参与的趋势。滑雪运动发展过程中所需的基础设施成了拉动经济发展和解决就业的重要手段。但是这一时期,滑雪场的数量较少,滑雪道等设施的需要初见端倪。由于滑雪运动处于发展初期,对于滑雪运动的参与仍然是较低水平的体验,私人用地中的牧场、伐木道都成了滑雪体验的主要场地。滑雪热不仅从波士顿向北传播到新罕布什尔州和佛蒙特州,还向西延伸到纽约州,最终到达西海岸。到 1932 年初,纽约中央线甚至计划为卡茨基尔斯运行试验性的滑雪列车。直到 1935 年初,纽黑文和哈特福德铁路开通了滑雪列车。[③] 大萧条后的滑雪列车在原有基础上延长了线路,拉动了纽约州滑雪运动的发展。从滑雪列车的

① Meghan · McCarthy · MC Phaul.A History of Cannon Moutain[M].London: The History Press, 2011.

② Carolee Anderson.The History of Gunstock Skiing[M].History Press, 2011.

③ Meghan · McCarthy · MC Phaul.A History of Cannon Moutain[M].London: The History Press, 2011.

开通以及滑雪场的分布来看，滑雪运动参与群体仍属于经济发达地区。一种是围绕经济发达地区的滑雪体验，另一种是从经济发达地区向外输送滑雪爱好者。

4.2.3.2 冬奥会在北美大陆的推进

（1）普莱西德湖俱乐部的发展。

19 世纪上半期是美国经济发展的关键时期，在这个时期美国东北部地区异军突起，在繁荣的农业基础上实现了工业化转变，东北部的工业产值占全国工业总产值的 64.68%，资本总额占全国总额的 65.90%，已经成为全国工业的中心。[①] 东部区域是美国的经济中心，也是交通网络发展最为集中的区域。最为关键的是，美国东北部也是冬季项目最早开展的区域。19 世纪末，美国纽约州北部的萨拉纳克湖举办了冬季狂欢节，冬季运动在纽约州北部开始吸引人们的关注。在工业化逐步推进过程中，东北部滑雪组织相继建立。

户外活动的增加激发了人们组建户外俱乐部的意愿。19 世纪 80 年代，挪威人开始在整个中西部和新英格兰地区建立滑雪俱乐部，在传播挪威滑雪的同时将滑雪运动的户外和强健体魄的理念向外传播。这一理念与美国"强身派基督教"所倡导理念不谋而合。19 世纪 80 年代，阿巴拉契亚山俱乐部组织游览四季风景，在夏季组织登山，冬季则进行雪橇活动。[②]1893 年，以纽约州立图书馆员、十进制创造者杜威带头，一批精英人士创建了普莱西德湖俱乐部，以冬季的健康空气和优美的自然环境招揽生意。

19 世纪，很多旅游度假区标榜自己有欧洲度假的体验，吸引有钱阶级来此休闲旅游。普莱西德湖作为典型的美国度假区也因其欧洲式的风格招揽了很多去过欧洲圣莫里茨等地的有钱游客。受到挪威滑雪俱乐部的影响，俱乐部成员推崇越野滑雪，认为其不像雪橇受到场地限制，可以任意方向行进，体验征服世界的感受。1910 年，普莱西德湖以欧洲风格为宣传广告吸引美国东部的人们参与冬季旅游，向外界介绍雪橇、滑雪、滑冰、冰球、冰壶等欧洲的流行运动，推销可以体验阿尔卑斯

① 钱乘旦．世界现代化历程（北美卷）[M]. 苏州：苏州人民出版社，2010：86.
② Jane E.Jackson， Lake Placid of the West A History of Early Skiing in Flagstaff [J].The Journal of Arizona Histroy（3），208.

地区的雪鞋和雪橇。

随着战争在欧洲肆虐，滑雪运动在美国发展落地，同时也意味着滑雪运动中心逐步向美国的转移。1913 年 2 月，普莱西德湖共吸引了 223 位游客，到 1917 年 2 月，这一数字已攀升至 556 位。为了迎合打造上层阶级的需求，俱乐部还聘请了圣莫里茨的指导员。1914 年，俱乐部印发了 16 页的小册子，宣传普莱西德湖开展的特色冬季项目，册子中声称自己为“美国的瑞士”。20 世纪 20 年代，滑雪运动在普莱西德湖蓬勃发展起来。普莱西德湖的雪道从 20 英里拓展到 55 英里。[①] 阿巴拉契亚山俱乐部称赞其为“拥有全国最好的滑雪设施的区域”。随即，高山滑雪因其结合了雪橇的速度和冒险，逐步替代了越野滑雪的地位。高山滑雪在普莱西德湖俱乐部的发展仅是高山滑雪发展的缩影，可以说，欧洲国家和区域已经被创新发展的高山滑雪占据主导地位。普莱西德湖的模仿和发展，侧面反映了高山滑雪运动的主流方向。

（2）普莱西德湖冬奥会的举办。

经过 1924 年夏莫尼冬奥会和 1928 年圣莫里茨冬奥会，冬奥会的国际影响力日益提升，冬奥会成为了国家冬季运动项目发展水平的展示。普莱西德湖俱乐部在冬季项目的推广受到了国际奥委会的关注。1927 年，瑞士圣莫里茨主办第二届冬季运动会的前一年，国际奥委会（IOC）询问普莱西德湖有关领导能否应对奥运的挑战。[②]1928 年国际奥委会向普莱西德湖发出邀请，是否能够应对举办冬奥会的挑战。为了夺得冬奥会的举办权，普莱西德湖俱乐部创始人杜威，前往欧洲的夏莫尼、圣莫里茨等奥运会举办地进行考察，对比它们与普莱西德湖的设施差别，学习欧洲成功经验。他力推具有冬季运动发展经验的普莱西德湖作为冬奥会的举办地，深信其有能力举办下一届冬季奥运会，冬季运动盛会将给阿第伦达克带来巨大的声誉和经济发展。国会和参议院一致通过决议认为“阿第伦达克的普莱西德湖提供了比任何其他地区在冬季运动方面更完整、更充足的设施以及更成功的经验，而奥运冬季运动

① Jonathan Paul.Melting Resoures： A Historcial Analysis of the 1932 Olympic Winter and Summer Games[D].University of Wisdsor，2004.

② Jonathan Robert Paul.Melting Resources： A Historical Analysis of the 1932 Olympic Winter and Summer Games[D]. University of Windsor，2004.

是一种灵感,鼓励全民健康,活跃户外冬季娱乐活动。"[①]

1932 年普莱西德湖冬奥会在普莱西德湖俱乐部、普莱西德湖滑冰协会、田径协会以及普莱西德湖俱乐部 sno-bird 共同努力促成。其中的普莱西德湖俱乐部主要推动其发展。比赛期间,组委会在普莱西德湖原有设施基础上改善条件,增加设施。先后修建了 400 米短道速滑跑道、18 公里越野滑雪雪道、冰球场地以及雪车雪橇赛道。为推动赛事的大范围参与,积极投入交通设施建设,公交、铁路等基础交通连接小镇和比赛场馆。同时利用通信网络促进冬奥会宣传工作。筹办过程中纽约州纳税人出资 60 万美元,普莱西德湖的小镇出资 23 万美元,但门票收益仅获得 93415 美元。但对于普莱西德湖来说,冬奥会的举办是长期获益的资本。赛后的场馆使用将长期服务于阿第伦达克山脉所及的东部区域,滑雪项目也借此机会持续发展。至此,以欧洲为主导的冬奥会开始向北美大陆拓展开来。

滑雪运动发展是滑雪运动国际化发展的基础,实现赛事的大规模举办需要大范围的参与基础。从奥运会的举办地来看,夏莫尼、普莱西德湖都是滑雪运动最早兴起的地区,也体现了滑雪组织对于筹办赛事的决定性作用。不同于欧洲 1924 年对于冬季赛会的集中组织,美国则为经济欠发达地区发展滑雪运动提供了新的路径。办赛意味着滑雪资源的开发,同时服务于带动长久性的经济发展。相比于发展程度,欧洲国家组织体系、滑雪区域的发展水平决定了其比美国发展更加完善。夏莫尼冬奥会,是欧洲国家滑雪运动发展成果的体现,是大众项目以比赛形式进行项目展示。其中军事巡逻、越野滑雪等项目是滑雪运动兴起阶段的项目延续,是军事滑雪运动在竞技赛事中的体现。以欧洲主导的国际性赛事为滑雪运动更广泛领域的发展提供了机会,滑雪运动走出斯堪的纳维亚吸引了更广范围人群的参与。而普莱西德湖冬奥会是滑雪运动欠发达地区对于滑雪运动发展的渴望。为了与国际接轨,后发地区以冬奥会为媒介大力发展滑雪运动,同时促进当地经济的发展。冬季运动赛事的举办更多是效仿欧洲举办地的办赛模式,寻求本国滑雪运动的迅速发展。冬奥会作为滑雪运动重要组成部分,其发展也受到现代化发展要素的影响。其中场馆修建、赛事筹办受到了环保理念的限制,但是奥运会

① Jonathan David Anzalone.Creating a Modern Wilderness Playground: The Transformation of the Adirondack State Park, 1920–1980[D]. Stony Brook University, 2012.

留下的场馆和设施却为后发国家的滑雪运动的发展奠定了新起点。国际化赛事的举办也为后发国家发展滑雪运动提供了思路,滑雪赛事国际化有力地推动了滑雪运动世界范围内的大发展。

4.2.4 后发资源区域的经验借鉴与赶超发展

4.2.4.1 欧洲滑雪旅游模式在美国西部复制

美国滑雪运动逐步发展的过程,是由内生性需求与外部合力共同推动。欧洲一直是美国滑雪运动发展的参照标准。美国滑雪运动兴起之初,由于国家发展模式、地理条件的差异,公园旅游滑雪是其发展过程中的重要组成内容。但是从"雪质条件、气候条件、住宿条件等方面,美国很难找到一级滑雪条件的度假地"。① 为了实现欧洲品质的滑雪度假体验,美国希望借助欧洲高水平的发展经验实现本国的快速发展。相比于东部经济发达区域,西部一直是以外来移民为主的荒野地带,尽管资源丰富却缺少与之相匹配的消费群体。工业交通的发展实现了区域变迁,铁路带动下东西区域的发展更加紧密。随着美国人对滑雪技能的逐步掌握,建设高品质度假区的意愿日益迫切,东西部区域的竞争趋势由此形成。

一战后,奥地利获得滑雪产业的领军地位,培养了一大批具有专业经验的滑雪人员。汉内斯·施奈德 18 世纪 90 年代在圣安东开办滑雪学校,聘请当地村庄的男孩作为滑雪指导,很多游客在滑雪学校学到了施奈德滑雪技巧。奥地利高山居民在 20 世纪 30 年代开始逐渐成了专业的滑雪运动指导,负责教授滑雪技能。圣安东不仅受到了欧洲人的欢迎,有钱的美国人到阿尔卑斯旅游,向滑雪指导员学习滑雪课程。奥地利滑雪指导员的人数在全世界范围内快速增加,在美国滑雪产业发展中起到了重要作用。奥地利的滑雪指导员是滑雪运动专业化的重要标志,不仅是对于滑雪技术的专业化传授,还实现了滑雪运动规范化发展。

西进运动基础上,联合太平洋铁路在西部区域延伸。太平洋铁路董事长威廉·哈里曼意识到东部山脉的局限性以及到欧洲旅游的费用,他

① Dylan Jim Esson.Selling the Alpine frontier： The Development of Winter Resorts， Sports， and Tourism in Europe and America，1865-1941[D].University of California，2011.

希望在这项兴起的运动中获利。他聘请欧洲人考察在美国西部联合太平洋铁路沿线,最终确定将度假村修建在木河分支爱达荷州中部的小镇凯彻姆。1936—1937年间,太阳谷共召集了6名滑雪指导员,冬季他们凭借普通签证来到美国帮助太阳谷滑雪学校的筹建,同时获得相应的报酬。总指导可以获得1000美元,其余5人500美元,并免除运输、住宿、食宿等费用。在奥地利人的指导下,从太阳谷当地的滑雪学校选出一些年龄大的男孩,将他们培养成滑雪指导员,1936年组建成为第一批滑雪救助队。西部地区通达的铁路、专业化的指导团队,带动了东部向西部上层阶级的流动,美国第一个滑雪度假村建成。

滑雪人员的流动是"二战"背景下人员避难的一种反映,也是现代化进程中社会流动性的表现。一方面是欧洲滑雪专业人员培养已初具规模,其专业性已受到国际的认可;另一方面是滑雪运动后发国家期待借助人员优势、发展经验实现本国滑雪运动的发展。滑雪人员的流动是滑雪运动广泛传播的过程,也为滑雪运动的专业性培养提供了保证。滑雪人员中的滑雪培训、滑雪救助等专门性的人员,是推动滑雪运动专业化的标志,也为专业群体发展奠定了基础。专业人员的流动是学校滑雪教育向市场化的延伸,走出学校的滑雪运动面对更加广泛的市场群体。专业人员不限于学校的滑雪老师,也可能是滑雪度假区、滑雪学校等相关机构的人员。而市场化的教学内容意味着只要进入滑雪场就有可能掌握滑雪技能,这对于滑雪运动本身的发展来看是专业化、标准化、广泛化的过程,是滑雪人员流动化的推动结果。

4.2.4.2 西部军事基地的确立与滑雪人才储备

第一次世界大战后,战胜国和战败国之间的矛盾并未解决,反而使得战胜国和战败国之间的积怨加深。极权主义国家势力抬头,1922年墨索里尼当选意大利总理,开始实施独裁政策。1933年,希特勒赢得选举,他将反犹太主义和种族化的元素加入到了德国民族主义和帝国主义的传统理想中,吞并了奥地利并试图建立一个新的德意志帝国。在不断升级的国际冲突中,美国国会通过了中立法,试图避免卷入战争之中。直到1941年,日本偷袭珍珠港,美国政府完全卷入了世界大战。在双线作战的决策下,英国和美国为光复欧洲从北非开始进攻,逐步扩展到意大利和法国。1945年,盟军从西部和东部威胁纳粹,5月德国投降。

为了尽快结束战争，杜鲁门决定用原子弹摧毁广岛和长崎，1945 年 8 月日本投降，预示着“二战”的结束。第二次世界大战结束，美国确立了经济霸主的地位，同时国际组织一同合作促成了国际新秩序的建立。

现代化进程中政治、经济、文化等领域中具有一些共性的文明因素，如政治中的政府、军队和权力等。这些要素是人类文明中始终存在的，但在不同时期具有不同的表现形式。在滑雪运动兴起阶段，第二次世界大战的爆发使世界范围内众多国家受到波及，很多国家被迫冬季作战。战争、军队成了影响滑雪运动发展的主要要素，滑雪军队的组建和培养在一定程度上促进了滑雪运动的参与。第二次世界大战与第一次世界大战作为政治因素都影响了滑雪运动的发展，相比于“一战”期间对于滑雪运动部队人员的集中培养，“二战”期间主要是国家掌握了滑雪技能人员的招募，这一举动是滑雪运动兴起的重要标志。

美国在孤立主义影响下奉行中立政策，试图避免法西斯造成的威胁。[①] 然而法西斯主义步步紧逼，美国被迫加紧军事备战。战前，由于孤立主义集团的反对，美国陆军长期在 18 万左右。1939 年 9 月，德国进攻波兰，美国立即宣布国家进入有限紧急状态，增加正规军和民警卫队人员。[②]

1939 年，苏军开始进攻芬兰，在对交战双方来说极为困难的冬季战场，芬兰滑雪部队击败了两个苏军摩步师。这次战事引起了美国国家滑雪巡逻队主席查尔斯・多尔的注意，多尔积极推动组建美国自己的山地和滑雪部队，并于 1940 年 11 月向总参谋长马歇尔将军汇报了这个建议，马歇尔认为这个建议很有价值，随后命令陆军组建山地部队。汤姆・弗林前往华盛顿，鼓励战争部门为高地—巴伐利亚的部队找到一所滑雪训练学校。虽然该部门答应弗林说陆军会考虑阿斯彭附近的地区，但他们最终选择了科罗拉多州潘多的部门基地的另一个地点，在冬季从阿斯本开车到此要几个小时。最后，在战争期间第十山地师的一些人员在阿斯彭附近进行滑雪训练和演习。

国家滑雪巡逻队担负起了为第 87 步兵团及后来的第十山地师招募新兵的任务，后来在科罗拉多落基山成立了冬季训练基地。美国山地师是由美国滑雪队（平民组织）构成，实现了滑雪运动的发展。除了调整

① 王帅．二战期间美国的军事思想 [D]. 济南：山东师范大学，2009.
② 刘宝坤．二战期间美国的军事改革 [D]. 济南：山东师范大学，2010.

的作战技巧外，山地师的基本目标是将山地区居民培养成训练有素的军人。很多太阳谷的滑雪指导员以及滑雪巡逻队成员加入了第十山地师，他们在山区练习滑雪运动期待为国家效力。随着公众视线转移到对战争中的努力上，很多人参军以及旅游业逐渐萧条，太阳谷成为美国海军的康复医院。1942 年 1 月，在珍珠港袭击一个月之后，新罕布什尔州加农山滑雪场的缆车委员会决定保持开放的状态，认为"滑雪缆车的持续运行符合国家体育锻炼计划"。而且富兰克林·罗斯福总统呼吁民众爱国休闲，"以赢得战争为目的的体育锻炼"。[①] 与此同时，身体素质也成为民族自豪感和服务国家的基础，滑雪运动被推广为保持健康的一种重要方式。

1944 年，第 10 山地师的滑雪技巧帮助他们进入德军后方，帮助意大利取得胜利。在 1945 年至 1950 年之间，有 23 名山地师退伍军人住在阿斯彭。他们中有一些成了阿斯彭最有影响力的公民。第 10 山地师的退伍人员经营阿斯彭的滑雪学校、并从事滑雪巡逻的工作。他们拥有餐馆、酒吧、体育用品商店和"阿斯彭时报"。二战后，第 10 山地师的老兵创建了 17 个滑雪场指导了 30 多所滑雪学校，在那里有近 2000 名退伍军人教授滑雪运动。

军事建设对于滑雪运动促进是一种官方的促进方式，这一形式突破了滑雪运动在现代化、经济水平高的地区发展的状况。战争的隐蔽性更多地挖掘了落后山区和偏远的山村，客观来看，促进了山区资源的挖掘和开发，也培养了山区村民对滑雪运动的认知。尽管是以服务国家为目的，但也是在既有滑雪区域基础上对于具有滑雪能力的人们召集，如美国西部的阿斯彭、太阳谷等地，在此前滑雪运动萌生的基础上获得了进一步的发展，滑雪区域地位得到巩固，滑雪民兵队伍加快了滑雪运动的广泛传播，具有滑雪传统的人们也成了后来滑雪运动发展的中坚力量。

4.2.5 荒野地带滑雪资源的挖掘与保护

4.2.5.1 荒野保护的探索

"荒野"在美国历史和文化中有着十分重要的地位。荒野一直是自

① Meghan · McCarthy · MC Phaul.A History of Cannon Moutain[M].London：The History Press，2011.

然的象征，文明征服的对象。19 世纪中叶，荒野已被视为美国文化和道德的渊源，以及民族自尊的基础。为了摆脱英国人认为"美国在科学、艺术、文学甚至是政治、经济都毫无建树"的偏见，美国人开始将"荒野"作为自己身份的新象征。①

19 世纪末，美国人尝试创建公园保护不断消失的荒野。1864 年，美国联邦政府将约塞米蒂谷底（优胜美地）作为"公众休闲和独家用处"的公园授予加利福尼亚州，开创了先例。1872 年，格兰特总统签署了著名的《黄石国家公园法》，法案规定公园内"所有森林、矿藏、天然珍品或奇观"都要保留、维持其"自然状态"，而免于开发与买卖。1871 年，第一条铁路线进入该地区从萨拉托加温泉延伸到北溪的沃伦县小村庄（1932、1980 年普莱西德湖冬奥会所在小镇），纽约州的阿第伦达克铁路将城市与阿第伦达克国家公园连接起来，但国家首要任务不是促进娱乐，而是要保护自然资源。1885 年，当立法机构把卡茨基尔和阿第伦达克地区的土地作为森林保护区时，国家扩大了保护的作用，担心林地的破坏会使纽约变成荒凉的荒地。1892 年，国家启动了阿第伦达克公园创建园区的独特实验，国家管辖的阿第伦达克包括森林以及 10 万居民居住的私人土地。在公园创建两年后，国家林地受到更强有力的保护，其保护地位被写入宪法第七条第七款，该条规定："现在拥有或以后获得的国家土地构成森林，按法律规定永久保存为野生林地，不得出租、出售或者保存、交换或由任何公共或私人的公司承担，也不应出售木材，删除或销毁。"②

自 20 世纪初，西奥多·罗斯福总统及二三十年代的富兰克林·罗斯福发起了自上而下的自然资源保护运动。③1905 年美国森林服务机构成立，主要是管理国家日益减少的木材资源、监督放牧、流域管理和野生动物保护。20 世纪初，随着汽车数量增加，大量的野营者和户外运动爱好者乘坐汽车抵达国家森林，迫使森林服务处处理森林的娱乐

① John Shultis. Improving the Wilderness: Common Factors in Creating National Parks and Equivalent Reserves during the Nineteenth Century[J]. Forest&Conservation History, 1995 (3).

② Jonathan David Anzalone.Creating a Modern Wilderness Playground: The Transformation of the Adirondack State Park, 1920–1980[D]. Stony Brook University, 2012.

③ 胡溢轩．美国环境运动的发展脉络与演进逻辑 [J]. 南京工业大学学报，2018（5）：39–47.

活动。森林服务业与滑雪业之间的关系逐渐形成，从20世纪30年代到60年代，由支持转向控制与规制。1924年，在利奥波德的推动下，第三区林务官普勒将57.4万英亩荒野划出转为休闲使用。[①] 在20世纪30年代，美国森林人员长期以来习惯将滑板、雪鞋和雪橇等器材装备，用于森林巡逻、野生动物评估、积雪测量和其他行政工作。1936—1937年雪季，冬季体育参与者对美洲国家森林进行了近100万次访问。由于滑雪者在冬天使用了国家森林，滑雪者与国家森林之间的关系逐步紧张起来。[②] 如何规划、建设和维护足够的设施，以满足各种形式冬季运动的需求，是林务局要面对的重大挑战。自20世纪20年代以来，森林服务护林员继续寻找开发滑雪场的最佳场所。林务局认为，选择最合适的放牧范围或木材地段，并为滑雪场、滑雪道进行规划，是协调公共使用和对自然森林资源保护的最明智选择。为了协调滑雪场的发展，林务局一直致力于滑雪场的选址、开发工作，围绕国家森林公园，很多滑雪场的发展依赖于林务局的推动。美国东部纽约州的阿迪朗达克山白脸峰的发展以及科罗拉多州的丹佛滑雪场的开放都源于林务局对其发展的规划，在初期选定的这些滑雪区域也都成了后期发展的核心区域。

4.2.5.2 荒野保护与滑雪资源挖掘

滑雪运动逐步发展过程中，对自然资源的获取要求不断提高。在工业化推动中的滑雪运动，越发激起人们对于自然的探索与占有。在国家公园和森林周边发展起来的滑雪运动一直与“荒野”保持密切关系，而对滑雪运动自身而言，也需要借助环境实现持续发展。美国的荒野保护是对文化特征的保护，也成了环保理念的来源。相比于美国对森林资源的强制管控，滑雪资源发展遵循了“有限”发展的逻辑。林务局作为国家资源的管控部门，一直是滑雪资源挖掘的主要推动者。可以说，所谓的环保是基于一定规划的、合理的资源挖掘和发展。

20世纪初，滑雪运动的发展多是基于先前公园旅游基础上的深度发展，很多滑雪场在公路沿线地区完成了进一步的规划，在滑雪运动不断向森林区域拓展的过程中，林务局始终是积极的推进者。20世纪初，

① 滕海建.1964年美国荒野法立法缘起及历史地位[J].史学集刊，2016（6）：70-80.

② Michael W. Childers.Fire on the Mountain： Growth and Conflict in Colorado Ski Country[D]. University of Nevada，Las Vegas，2010.

美国西部丹弗国家公园在伯绍德山顶安装了第一条绳索,城市周边第一个滑雪场由此建立。为了持续挖掘冬季旅游的潜力,1931年,森林服务处确定了洛夫兰山口阿拉伯霍盆地是未来滑雪相关开发的理想地点。为此,丹佛商人布利肯斯德弗于1936年在通道的东侧安装了一条绳索。在接下来的五年里,再次安装了三条拖牵,并将其命名为拉夫兰滑雪场。

1935年,美国森林服务部门的滑雪爱好者阿尔夫·恩金前往西部的矿场城阿尔塔地区并确定其作为未来滑雪场的潜力。他对该地区发展抱有很大的希望并建议购买更多的周边土地以形成滑雪场。1937年,著名的盐湖城律师乔·昆尼和其他当地商人积极促进滑雪运动场的发展事宜。在犹他州冬季运动协会监督在下,阿尔塔利用采矿系统多余的缆车建成了柯林斯号缆车,这是在爱荷华州的太阳缆车谷和俄勒冈州胡德山缆车之后的第三架缆车。[①] 阿尔塔滑雪场于1939年1月15日首次向滑雪者开放。

滑雪运动兴起之后带动了林务局部门的职责向滑雪运动方面拓展,具体来说是对于森林用地周围发展滑雪运动的规划和管控。这一部门的发展是随着滑雪运动发展而起,也是荒野观念逐步强化的过程,更加明确了滑雪运动与自然之间的密切联系。在现代化的发展过程中,工业社会多以牺牲环境为代价促进经济和社会发展。而荒野观念的逐步发展,则是环境与发展之间的一种协调并进的过程。

这一部门的发展,是人们对于滑雪运动需求不断增长的表现,也是滑雪运动与其他领域不断互动的结果。在林务局职责范围内,更多优势滑雪资源得以开发,也让偏远地区如美国西部科罗拉多州的山林山区得以挖掘。其专业性的调研模式,不仅是发展和保护协调发展的重要保证,客观上也保证了滑雪运动发展的自然条件和发展可能。这一部门的发展,不是对滑雪运动发展的干涉,也不意味着滑雪运动与环境保护之间是对立矛盾的。而是在私有滑雪场、国营滑雪场之间的一个不以经济发展为目的的第三方组织,以对环境负责、对滑雪资源负责的态度,寻找合适的发展机会,促进滑雪运动与环境之间的和谐发展。这一部门具有本身牵制滑雪场发展的职能,是将荒野理念向实践落实的印证。

① https://www.alta.com.

4.2.6 小结

“一战”结束到“二战”结束之间,滑雪运动开始兴起。第一次世界大战和第二次世界大战的短暂和平为欧洲滑雪运动发展提供了条件,而美国远离两次世界大战也得以兴起发展。在地理范围上,欧洲国家的滑雪运动已经以滑雪度假村为载体,并且从早期的瑞士达沃斯,开始向周边的法国、奥地利等国家发展。而美国滑雪运动兴起之初,主要集中在东部地区以及西部的部分矿产城市。总体而言,欧洲在这一时期的兴起已经是滑雪市场的兴起,而北美则是零散的、少部分群体刚刚接受的新兴的户外运动。在铁路交通、城市化的带动下,美国城市周边森林公园开始出现滑雪运动,在经济萧条时期滑雪市场发展成了振兴东部经济发展的重要举措。在“二战”期间,已经占据市场优势的欧洲国家被迫逃离,对美国滑雪运动给予了人员支持。

在兴起阶段,滑雪运动呈现出休闲化的特征,主要是发达公路网络下美国城市周边滑雪运动的兴起。缆车、索道、升降椅等升降设备为兴起阶段的滑雪运动提供了登山的设施支持。而紧张的国际环境,迫使欧洲指导员向北美流动,滑雪人员呈现流动化。至关重要的是,这一时期随着冬奥会的举办,滑雪运动呈现出国际化的发展趋势。

4.3 欧美国家滑雪运动的同步发展

滑雪运动随着“二战”的结束迅速发展,经济复苏、科技发展以及中产阶级群体扩大推动了滑雪运动在欧洲和美国的大规模发展。经过大战后的欧洲国家落后于美国,在经济上受到美国政府的经济反哺。借助国家资金支持,欧洲阿尔卑斯区域国家集中改进基础设施,打通国家之间限制,通过交通、缆车等多方面的建设实现了滑雪运动的一体化。“二战”后的美国滑雪运动发展逐步呈现赶超趋势,此前的滑雪区域通过更换陈旧设施加快滑雪市场发展,美国东部形成了国家导向下的滑雪场的递进式发展,而美国西部则以资源优势在私人土地上呈现规模化、贯通、联合发展。

4.3.1 第一次现代化向第二次现代化的过渡与发展

第二次世界大战以前，国际政治的中心在欧洲。欧洲大陆上的英国、法国、德国主导着国际局势。第二次世界大战打破了这一局势，苏联和美国成为两个全球性的主导力量。在“冷战”政策指导下，美国在1947年提出了复兴欧洲的“马歇尔计划”，随后杜鲁门又提出了对“不发达地区”提供技术和经济援助的“第四点计划”。[①]1949年，美国与英、法、荷等12个国家签署了《北大西洋公约》，北大西洋公约组织正式宣告成立。与此同时，苏联经过长期准备，1955年在华沙与所有东欧社会主义国家结成了华沙条约组织。

第二次世界大战结束，预示着欧洲海外霸权的结束。苏联和美国两极势力成为欧洲事务的主宰。1948年到1951年，美国向西欧经济市场投放了130亿美元，目的是在重建欧洲的同时扩大社会主义的对立阵营。随着欧洲经济的复兴，1957年法国和德国等6国成立了欧洲经济共同体，1960年英国等7国成立了欧盟，西欧逐步恢复了在世界舞台上的重要地位。在复杂的政治形势下，战后欧美国家实现了经济史上的黄金岁月，全球经济进入了增长最快的时期。

第二次现代化指从工业时代向知识时代、工业经济向知识经济、工业社会向知识社会、工业文明向知识文明的转变过程。其中1945—1970年是第一次现代化向第二次现代化的过渡阶段。经过战后的恢复，20世纪70年代第二次现代化开始，通过对知识创新、知识传播、生活质量、经济质量等16个指标进行排序，对131个国家进行评估。发现至1999年，美国、英国、法国、德国、意大利等国家基本进入第二次现代化。[②]全球化、创新化、多元化等特征开始在现代化国家中显现，滑雪运动呈现更高水平发展。

4.3.2 欧美滑雪运动发展中的政治意义

“二战”后的欧洲逐步走向经济恢复重建的道路。受到重创的奥地利意识到旅游业对国家经济发展的促进作用，加大力度恢复重建铁路

① 何顺果．美国历史五十五讲（第二版）[M]．北京：北京大学出版社，2015.
② 何传启．中国现代化报告2002 [M]．北京：北京大学出版社，2002.

交通、滑雪设施以及高档酒店，对外宣传其接待旅游滑雪的能力。受到马歇尔计划援助的奥地利基茨比厄尔等地区恢复了先前的生机，为后来1964年、1976年冬奥会发展奠定了基础。美国远离二战主战场保持了滑雪区域的发展基础，此时东部地区的国有滑雪已经开始逐步落后于西部具有资源优势的地区。在国家主导下，东部地区以滑雪促进经济发展，以经济实力改善滑雪设施，如新罕布什尔州、佛蒙特州以及纽约州的阿迪朗达克山在先前基础上开拓市场，满足东部地区的滑雪市场需要。

4.3.2.1 马歇尔计划中美国对欧洲的反哺

马歇尔计划是第二次世界大战之后美国对欧洲经济、重建等方面进行的援助计划。这一外交政策以经济援助的方式联合了欧洲国家实力，维护了美国在欧洲的霸权地位。其实质上是美国国家社会发展赶超欧洲的表现，也是以政治外交途径恢复欧洲国家现代化发展的重要方式。

欧洲国家在“二战”期间经济和社会环境遭受重创，战后国家百废待兴。“二战”对于欧洲的破坏在范围上超过了“一战”，欧洲地区国家基本都被卷入战争之中。战争期间摧毁了欧洲国家经济繁荣的城市、交通运输设施，最致命的是严重地破坏了工业生产。1945年欧洲工厂的收入不及1938年同期的一半，尚不足以用来维持生产，更不用说有额外的产品投放市场了。1945—1946年，欧洲大部分城市地区已经接近饥饿水平。[①] 面对严峻的国家形式，如何振兴国家发展是摆在欧洲国家面前的重要难题。对于欧洲而言只有两个选择，一是沿用资本主义的经济政策；二是以国家主导经济发展。但就现实而言，个人和企业已经丧失了控制经济大局的能力，加之美国罗斯福新政的成功经验，对于欧洲来说，国家的干预才是避免经济不断衰退的有效途径。

从表面上来看，受到经济重创的是欧洲国家，但在长远来看却有可能造成美国经济的严重失衡。由于欧洲经济衰败的经济形式，美国出口的大量商品缺乏有效的购买市场，形成的贸易顺差会直接影响到美国的工业生产和工人就业。为了应对有可能造成美国市场的影响，1948年国务卿马歇尔正式提出马歇尔计划，美国政府决定通过世界银行、货币基金组织等机构向欧洲提供货款。

① 李海龙.论马歇尔计划时期英美对欧洲一体化的政策[D].济南：山东师范大学，2007.

对于欧洲的滑雪市场来说,同样遭遇了重创。战争彻底摧毁了阿尔卑斯地区国家滑雪发展的基础设施,一战前建立起的欧洲度假区要重新面对从零起步的艰难过程。先后经历了奥匈帝国瓦解以及第二次世界大战的奥地利,其东部维也纳的城市发展和工业生产遭到破坏,西部阿尔卑斯区域自然风景美丽却缺乏适合工业的资源。战争的后果让国家领导人认识到他们不能再一味依赖工业资源开发,也不能在政治上寻求联盟重蹈覆辙。由于生产力受到严重的影响,在阿尔卑斯的废弃土地,奥地利政府绘制了一条朝着经济复兴的战后发展道路。奥地利政府确定以旅游经济发展作为重点发展领域,通过宣传旅游和投资发展旅游设施,将奥地利发展成为与瑞士相媲美的冬季和夏季旅游目的地,吸引来自东欧和中欧的旅客,增加经济收益。

由于奥地利的酒店和铁路严重损毁或是彻底损坏,缺乏生机的旅游设施严重影响到旅游市场。政府意识到应该加快设施现代化建设,增强旅游市场竞争力。为了推动旅游发展,国家贸易与重建部为旅游投入专项资金,估计花费 1000 万先令修理酒店、重建道路和铁路,向外界宣传奥地利将重新迎接游客。①1947 年美国政府实施的马歇尔计划,助推了奥地利旅游经济的发展。大量资金涌入带动了奥地利阿尔卑斯区域的旅游现代化发展。奥地利的蒂罗尔省、萨尔茨保省、福拉尔贝格省接受了来自马歇尔计划 62% 的基金投资旅游业,事实上这三个省仅占奥地利总人口的 49%。从 1950 年到 1955 年,奥地利政府注资 5.2 亿先令重建阿尔卑斯旅游经济。这一数字包括了 4400 万先令的旅店的现代化、280 万先令宣传奥地利国际化旅游以及 9300 万先令在阿尔卑斯山上建立缆车和索道。②

在政府主导下,阿尔卑斯重建吸引了私人团体的加入,双方意识到奥地利阿尔卑斯山的独特自然资源是旅游市场拓展和发展最好的出路。在经济上被忽视了几个世纪的阿尔卑斯山成了经济发展要地,具备了在市场经济旅游市场中的竞争优势,为偏远的战后小山区提供了生命线。除了经济上的恢复,人们的身体和精神也亟待摆脱战争的阴影。战后时代,从国家到个人都认为旅游和体育是公共福利的组成部分,对个人健

① Andrew Dening.Skiing into Modernity: A culture and Evironmental History[M].University of California Press, 2013.

② John Fry.The Story of Modern Skiing[M].London: University of New England, 2006.

康以及社会稳定具有显著的好处。在政府支持、商人投资以及消费者的多方推动下，促成了战后时代体育和旅游业在滑雪方面的有效整合。冬季旅游并非单一的产品，而是整合各种经济实践，包括农业、建筑、交通和工业生产来维持整个区域并满足旅客的需求。战后时代，随着旅游基础设施的建设，滑雪旅游业转变为国际性的产业。诸如夏蒙尼、塞斯特里耶（2006年都灵冬奥会举办地）和圣莫里茨等冬季度假村吸引了来自欧洲乃至全球的滑雪者。“二战”前奥地利50%的游客是外国游客，随着旅游在战后时代的反弹，来自其他阿尔卑斯山的国家、英国和美国的游客涌入了奥地利西部各州。战后奥地利对旅游业的大力开发为后来的1964年、1976年两届冬奥会的举办奠定了基础，具有历史优势的蒂罗尔省的基茨比尔成了两届冬奥会的主要举办地。

战后的滑雪旅游业打破了地缘的阻碍，吸引人们穿越阿尔卑斯山跨国旅游。在“一战”前就享誉世界的滑雪区域又逐步恢复生机，奥地利、法国和瑞士等滑雪区域在现代化的推动下呈现差异化的经营，滑雪度假村、滑雪场为人们提供不同的消费体验，是萌生、兴起基础上滑雪区域的进一步发展。尽管处于冷战格局下，但是滑雪运动却超越了政治边界限制，逐步朝着更加开放、多元的方向发展。在大多数滑雪游客的心目中，政治边界对滑雪目的地的选择几乎没有影响，游客根据价格、可达性、设施和滑雪质等条件做出选择，马歇尔计划为后续阿尔卑斯地区国家滑雪市场一体化发展奠定了坚实的基础。与此同时，马歇尔计划是美国对于欧洲国家的一种援助和反哺，也在此扭转了美国追随欧洲滑雪运动发展的步伐，开始呈现赶超的架势。美国与欧洲之间，改变了此前美国向欧洲借鉴学习的角色，与欧洲国家地区建立起“姊妹城市”增进城市间的互动和交流。法国的夏莫尼、瑞士的达沃斯等享誉世界的滑雪胜地与美国科罗拉多州的阿斯彭建立合作，增进彼此城市间的交流和文化沟通。可见此时美国已占据国际主导地位，欧洲高品质滑雪度假村开始服务美国的滑雪爱好者，而欧洲也借此机会恢复其滑雪运动发展的优势地位。

4.3.2.2 国家意志下冬奥滑雪区域的振兴与发展

（1）国家导向对滑雪区域发展的推动。

滑雪市场的发展增加了国家对于滑雪运动的投入，滑雪产业成为带动经济发展的巨大动力，以国家为主导的滑雪运动发展是两个层次的发展，从最初级的层面来看，是国有滑雪场的发展；更高的层面是通过发展滑雪场、举办大型的滑雪赛事等方式促进滑雪运动的发展，同时带动国家和经济发展。

任海认为，国家、政府导向是滑雪运动发展的关键。政府的态度一定程度上决定了滑雪运动的发展。国家如果积极推动、起到支撑作用，滑雪运动就会得到政府的扶持和投入，反之滑雪运动发展就会受阻。

国家导向下滑雪度假区的发展主要是一些国有滑雪场的发展，在市场竞争中谋取发展、寻求发展，也是服务滑雪人群的必要措施。美国东部的新罕布什尔州、佛蒙特州和纽约州是美国东部滑雪最集中的地区，滑雪区域多是国家公园周边的国营滑雪场，加之缺乏西部优质的自然条件，其开发区域单一，缺乏像西部地区大面积开发的可能性。“二战”后，东部先前滑雪区域的早期辉煌跌入低谷，落后于美国西部新兴的滑雪区域。东部的新罕布什尔州的加农山、纽约州普莱西德湖的白脸山等集中规划改进设施，激发东部区域滑雪运动市场的发展活力。

纽约州一直在 1932 年冬奥会的基础上谋求滑雪市场的发展，地处东部的普莱西德湖由于地形条件的限制，当局一直将其最高山脉小白脸山作为发展重点。战后美国各州滑雪产业突飞猛进发展的同时，纽约州政府在冬奥会的基础上相继开发了阿迪朗达克山的白脸峰、大理石峰、小白脸峰等不同区域，将改善“二战”前的基础设施、扩大规模为主要发展目标。为了实现与新英格兰州的竞争，知名的滑雪爱好者、州长哈里曼在 1955 年上任时公开表示，希望在白脸峰上建立一个新的滑雪中心。次年春天，哈里曼任命了由议员罗伯特·马克主持的冬季游客联合立法委员会，成员表示决心实现一个能够满足国际滑雪联合会和奥林匹克竞赛要求的滑雪中心，以期吸引世界级比赛国家的冬季游客。[①]

借助高速公路的发展契机，建设高空升降椅满足了人们对于观景的向往，对滑雪场设施升级的同时也保证了夏季旅游的规模和收益。在此期间，小白脸峰分别建造了高 2000 英尺、36000 英尺的升降椅，清理、建设了 10 英里的雪道，建立了美国唯一一个落差 2000 英尺的滑雪中心。为保证车辆的顺利同行，中心还要求在奥萨布尔（Ausable）河上建造一

① Jonathan David Anzalone.Creating a Modern Wilderness Playground: The Transformation of the Adirondack State Park, 1920−1980[D]. Stony Brook University, 2012.

座195英尺长，27英尺宽的混凝土桥，并为400辆汽车建造三个停车区。1958年1月，单靠缆车就给白脸管理局带来了10万美元收益，几乎是管理员预期的两倍。[①]

滑雪中心的建立带动了周边经济的增长，重新促进了普莱西德湖景点的访问量以及周边酒店的发展。缆车的使用延长了旅游时间，更确立了纽约州滑雪市场的新发展。为确保冬季滑雪市场的竞争力，1960年4月，纳尔逊·洛克菲勒州长签署了一项法案，由阿迪朗达克山区管理局负责管理白脸高速公路、小白脸滑雪中心以及范霍芬伯格雪车雪橇跑道。[②]

与纽约州临近的新罕布什尔州、佛蒙特州的滑雪市场也在这一时期集中发展。为了在竞争日益激烈的滑雪市场中保持优势，滑雪场开始改进基础设施，并逐步地扩大规模。1960年，新罕布什尔州拥有14个主要滑雪场，佛蒙特州的滑雪场正在持续发展，拥有23个主要的滑雪场，每小时的滑雪者数量超过5200人，是新罕布什尔州的两倍多。[③]东部地区滑雪场的繁荣增长，促使滑雪场必须持续地改进设施或是进行场地扩张。到20世纪60年代末，纽约州的小白脸度假区已经开设了六个缆车，二十八条雪道，两个小屋，一个滑雪学校，两个足够容纳1200辆汽车的停车场。[④]

美国的国有滑雪场源于最初森林公园滑雪的流行，也决定了其发展扩张都是在国家政府的权责范围之内。这一发展时期，美国东部滑雪场在全国滑雪市场繁荣发展之际，通过对兴起阶段新罕布什尔州、佛蒙特、纽约州等滑雪场的扩建实现了快速发展。国家对于市场发展动向的把握，以强大的资本支持使得国有滑雪场避免了经营收益亏损的问题。然而，由于国家以经济发展为目的扶持地区，并非滑雪资源优势地带，与私人资本经营资优势型滑雪场之间仍存在发展差距。而国家单一的管控模式也决定了其发展没有私人资本经营滑雪场发展灵活性。但

---

① John Fry.The Story of Modern Skiing[M].London: University of New England, 2006.

② E.Joh B.Allen.History of Skiing[M]. UK : The Scarecrow Press, 2012.

③ Meghan · McCarthy · MC Phaul.A History of Cannon Moutain[M].London: The History Press, 2011.

④ Jonathan David Anzalone.Creating a Modern Wilderness Playground: The Transformation of the Adirondack State Park, 1920–1980[D]. Stony Brook University, 2012.

是不可否认，国有滑雪场是滑雪市场发展的重要组成部分，也是资源欠发达地区实现滑雪运动的发展出路。从国有滑雪场服务群体来看，主要还是发达城市周边的体验型滑雪旅游的人群，他们是滑雪参与的重要组成。与此同时，滑雪场发展并不一定以高端、全面为主要目标，而是以带动经济发展为主。不仅如此，国有滑雪场是最有可能借助国家扶持，通过降低票价等方式让群体参与的载体。

（2）国家扶持中冬奥会的再次申办。

案例 2：普莱西德湖冬奥会申办

1975 年，采矿业和制造业不断萧条的阿迪朗达克山面临了严重的经济困难。工人越来越依赖于季节性旅游业的收入，导致失业率接近 18%。由于崎岖地形，就业困难，人们希望再次借助奥运会促进经济的增长。与此同时，普莱西德湖的官员和社区领导人也一直期待在 1932 年普莱西德湖冬奥会基础上再次举办冬奥会，希望可以借助冬奥会重振埃塞克斯郡的度假产业。投标委员会委托普拉茨堡大学技术援助中心对经济影响进行评估，认为普莱西德湖奥运会结束可以向村庄和周边社区提供 3190 万美元的经济收益。在冬季奥运会结束之后的十年里，冬季运动设施得到了新的改进，宣传力度加大，预计还将额外增加 3000 万美元。[①]

这时期美国西部地区的科罗拉多州、犹他州等地的滑雪场已经在美国滑雪市场占据主导地位，普莱西德湖尽管在西部地区蓬勃发展中缺乏优势，但依靠 1932 年的基础设施却相继举办了多次大规模国际赛事，包括 1961 年的世界雪橇锦标赛和 1972 年的世界大学生运动会。

受到 1972 年札幌冬奥会经济成本的影响以及不断关注环境保护呼声的高涨，普莱西德湖承诺将重点放在运动员身上。1972 年的日本札幌市奥委会除了新修 14 个体育场馆外，还进行了道路和公路、污水处理系统、交通组织、酒店和通信设施的整合。这些项目包括两条市中心的地铁线路和一个地下购物中心，札幌运动会耗资约 12.5 亿美元。第十三届奥运会必须比早些时候的普莱西德湖奥运会更加精细。在 1932 年奥运会期间，252 名奥运选手参加了 14 项比赛，1980 年则有 1 200 名运动员参加了 32 项比赛。为了举办这样一个大规模的活动，州和联

① Jonathan David Anzalone.Creating a Modern Wilderness Playground: The Transformation of the Adirondack State Park, 1920-1980[D]. Stony Brook University, 2012.

邦投资建造了一系列新设施。在阿里郎达克周边现有的滑雪、雪车雪橇以及跳台的基础上，奥委会希望修建一个新的溜冰场、扩大在白脸山的步道和设施以及越野滑雪道，同时改善此前范伯格雪橇馆、在丘陵间低地修建新的滑雪跳台。冬奥会筹办受到了居民的青睐，经济效益和带动就业是他们支持奥运会举办的重要因素。发展仍然是阿迪朗达克人寻求避免经济低迷的首要方式，筹办过程中不断推动白脸山的改善以及90 米高跳台的建设。普莱西德湖及其周围地区的发展并不仅限于体育设施的建设，同时伴随着奥运会的筹备，污水和电力线延伸到新的企业和家庭。新的购物广场、两个新的分区(奥林匹克山和自由山)和一个新的希尔顿酒店加入奥运设施作为普莱西德湖地区的补充。在大街上出现了新的商店，一些旧的商店也进行了翻新。3 000 名工人的大量就业为阿迪朗达克人的口袋投入了更多的资金，奥运会的宣传热情在整个普莱西德湖蔓延开来。①

国家导向是基于一定自然基础条件，对地域滑雪运动发展提供发展机会的行为。发展区域并非资源优势地区，却可以借助国家的扶持实现广泛影响力。普莱西德湖冬奥会的申办是国家导向发展的典型，是对1932 年冬奥会资源的深度挖掘，也是寄希望于冬奥会促进经济发展的重要举动。国家导向发展源于滑雪市场带来的巨大经济收益。1976 年冬奥会的举办权本已授予给美国中西部科罗拉多州的丹佛，却因环保人士的阻挠被迫放弃。由于美国再次面对的经济危机，开办冬奥会成为东部地区谋求经济发展的重要手段。在阿迪朗达克山发展的基础上，以及1932 年冬奥会赛事设施的翻新改造之下，1980 年普莱西德湖冬奥会的成功举办为美国纽约州滑雪运动迎来新发展，冬奥会促进了山区居民就业问题。国家导向下滑雪运动的发展，不单是对滑雪运动自身发展的考量，也是通过滑雪运动带动经济的发展思路。滑雪运动已经不是单纯对欧洲国家的运动效仿，随着滑雪人群和市场的增长，滑雪运动开始成为拉动经济增长的重要环节。

4.3.3 中产阶级的兴起与滑雪运动大众化发展

第二次世界大战后，中产阶级规模扩大促进了滑雪运动从小众项目

① E.Joh B.Allen.History of Skiing[M]. UK ： The Scarecrow Press， 2012.

向大众传播的趋势。中产阶级的财富积累以及闲暇时间的增多，使他们有能力、有时间通过滑雪运动来体现自身的社会地位。生活质量的改善使人们增加了对户外运动的要求，滑雪运动开始向中产阶级的需求靠拢。国家通过修建公路交通将人们带入到更多的滑雪区域，而在滑雪市场扩大的过程中，不同地区、不同滑雪场也对自身形成了不同的定位。集中快速发展的滑雪市场，快速更新的滑雪设施、设备等多方面条件吸引了中产阶级的消费。

4.3.3.1 中产阶级群体崛起

在现代化进程中，罗斯托将“高额的大众消费阶段”视为现代化高级阶段，他认为“在这个时代中，主导部门转移到耐用消费品和服务业方面……社会不再认为进一步推广现代技术是一个比一切都重要的目标，如果消费者的主权起到支配作用的话，越来越多的资源就要用于生产消费品和在群众性的基础上推广服务业”。[①] 像罗斯托所判断的那样，1950 年，美国道路上有超过 4 900 万辆汽车。1960 年美国人的平均收入比 1945 年增加了 35%。[②]

大众消费不仅是社会发展阶段的标志，还是社会阶级构成的转变。“大众”原指在社会上居于多数的从事体力劳动的阶层，到了此时，“大众”的内涵已发生变化，将收入相对平稳且一直呈广大态势的中间阶层包括在内。[③] 二战后，随着美国生产力和服务部门的增长，产业工业的薪水稳步提升，从 1950 年的每周 55 元上升到 1960 年的每周 80 元，然而工业的数量却下降了。经济的发展带动了服务部门，创造了更多的工作岗位，到 1956 年，白领工人收入第一次超过了蓝领工人。[④] 大机器生产将人们从烦琐的劳动中解放出来，余暇时间的增加也为消费和娱乐提供了可能。

随着中产阶级崛起、劳动解放，美国滑雪运动在二战后迎来了繁荣发展。中产阶级和富裕的美国人穿上滑雪板到山上度假缓解战时压力，为身心带来愉悦。随着收入的增长，美国人开始重塑消费文化。汽车旅

① 罗斯托．经济成长的阶段 [M]. 北京：商务印书馆，1962：87.

② Michael W. Childers.Fire on the Mountain： Growth and Conflict in Colorado Ski Country[D]. University of Nevada， Las Vegas，2010.

③ 王晓德．美国大众消费社会的形成及其全球影响 [J]. 美国研究（2），54.

④ 曹宪忠．后工业社会进程中的中产阶层研究 [D]. 济南：山东大学，2003：40.

行增加了进入国家公共土地的机会，使数百万人可以享受国家公园、森林和其他空地，州际公路系统成为现代美国的生命线。联邦政府使得汽车休假变得更容易，在全国范围内建立了一个4.1万英里的高速公路系统。旅游业沿着这些州际公路繁荣，许多旅客在短时间内停下来，然后去下一个风景优美的地方或国家公园的道路。在经济的驱使下，国家沿着新兴的州际公路系统重组。新高速公路和航空旅行的兴起，使得滑雪者的滑雪选择不再局限在所在州，而可以借助交通到达更远的目的地。随着20世纪50年代消费文化的形成，美国滑雪场在20世纪50年代左右快速发展，已经关闭的滑雪场在此期间再次开放，并在20世纪60年代逐步达到顶峰。1955—1956年开始，美国的78个滑雪场在十年间增加了580个度假村。[①] 全国滑雪天数从1955年的130万增加到1964年的420万。经济学家预测，到1980年，西部11个州将达到近2400万滑雪日。[②]

4.3.3.2 滑雪市场向中产阶级的倾斜

“二战”后西欧国家受到冷战的困扰，还处在现代化的探索阶段，20世纪50年代在美国完成消费社会之际，西欧和日本似乎完全进入了这一阶段。[③] 滞后于美国发展的西欧国家，直到20世纪80年代进入福利制国家年代，中产阶级才开始兴起。[④] 与国家现代化发展水平较一致，欧美国家近30年的发展差距，导致了欧洲战后滑雪运动市场的滞后发展。直到1980年，欧洲滑雪运动快速发展，有4000万度假者或周末旅游者，在阿尔卑斯地区停留了6000万天，其中最著名的目的地是瑞士和奥地利，分别有1180万和757万的过夜游记录。与美国20世纪50年代左右的发展相差了正好30年。

滑雪运动自萌生之际就是属于小部分人的运动，无论是购买装备还是去往滑雪区域，都不是一项大众普及的项目。尽管在滑雪休闲形式中不断创新，滑雪人群不断增加，但滑雪运动主要是中产阶级或是上层

① E.Joh B.Allen.Historical Dictionary of Skiing[M]. UK : The Scarecrow Press, 2012.

② Anne Gilbert Coleman.Culture, Landscape , and The Marking of the Colorado Ski Industry[D].University of Colorado, 1992.

③ 罗斯托．经济成长的阶段[M]. 北京：商务印书馆，1962：18.

④ 曹宪忠．后工业社会进程中的中产阶层研究[D]. 济南：山东大学，2003：53.

阶级的户外活动形式。由于滑雪运动在兴起过程是上层阶级主导的活动,其滑雪休闲的消费和体验更贴近上层阶级的需要。随着社会生活质量的改善,例如,公路交通的完善、汽车保有量的增加,更广泛的群体得以走出城市,更加自由地选择户外休闲娱乐。二战后,中产阶级已经成为欧美国家社会的中坚力量,而他们也是最有能力享受滑雪运动的群体。滑雪市场在这一机遇下,从装备消费到市场消费都开始向中产阶级靠拢。在这一过程中,突出建造符合中产阶级的消费的滑雪场所、住宿区域以及销售中产阶级能够负担的装备,滑雪市场已经开始向中产阶级倾斜。

工业制造业发展催生了滑雪装备和设施的发展,世界顶级滑雪装备集中在欧洲地区。在滑雪装备单一的时期,意大利、法国是滑雪装备最为集中的地区,今天享誉世界的品牌斐乐、蒙克莱尔等都在这一时期诞生。滑雪鞋的制造商集中在意大利北部的蒙特贝卢纳,1955 年,第一款扣合式靴子制造出厂。① 在格勒诺布尔冬季奥运会举办之际,蒙克莱尔成为法国国家速降滑雪队的官方供应商。②1955 年设计师推出弹力裤,开启了滑雪“时尚元素”的发展。装备市场的繁荣催生了滑雪者对于装备的追求,除了本土的制造装备外,美国海德雪板等品牌装备受到中产阶级的青睐。即使是滑雪运动的初学者,他们也希望配备上世界冠军级别的雪板体现自己的社会地位。滑雪运动除了作为一种休闲方式之外,已经变成一种显眼的消费形式。1955 年,德国滑雪杂志确定高山滑雪者的设备和服装的平均质量成本为 327 德国马克,而在 20 世纪 60 年代中期,全套衣服和设备的成本在 1000 德国马克左右。③

滑雪旅游目的地具有不同的社会声望,每个滑雪胜地和高山村庄都有自己的品牌。同样,滑雪板和品牌的选择、时尚的服装将滑雪者的新兴阶级区分开来。不同的旅游实践和消费模式产生了不同阶层之间的社会分层。而在看似多元化的滑雪市场中,不同的消费水平以及不同的服务品质造成了群体之间的区隔。例如,意大利科蒂纳丹佩左是中产阶级的适当选择,而瑞士的圣莫里茨等高档的世界级酒店、购物以及滑雪

① John Fry.The Story of Modern Skiing[M].London: University of New England, 2006.

② https: //en.wikipedia.org/wiki/Moncler

③ Andrew Stephan Denning.Schuss! Skiing, the Alps, and the Invention of Alpine Modernity, 1880–1990[D].University of California, 2011.

休闲为一体的度假区仍然将中产阶级拒之门外。

在战后时代,滑雪运动和滑雪旅游通过提供的多元化产品产生了社会差异。发达的交通网络使中产阶级通过汽车或是铁路便可到阿尔卑斯区域的滑雪度假区。社会阶层的不同也决定了到周边滑雪场实现当天往返的体验,还是在高端、综合的大型度假区休闲旅游。滑雪运动是一个有影响力的行业,在广泛的行业中产生经济影响。中产阶级的成员显示他们的财富和地位,是通过建立层次的选择,如他们的度假区的地理位置和类型、品牌的设备和服装购买。战后滑雪产业也使得政府官员和私人商人之间达到协商共赢,通过组合滑雪旅游业的各种商品和服务保持产业的良性运转。

为了配合市场的发展,滑雪场设计师和管理人员不断升级滑雪场的包容性,试图在一个滑雪区域涵盖更广泛的群体。1957 年到 1961 年间,阿斯彭集团运营的阿斯彭高地、巴特尔米克(Buttermilk)和布雷肯里奇等地开始相继开放。阿斯的斯诺马斯(Snowmass)紧随其后于 1967 年开放。这些滑雪场有高档度假胜地,也有以针对当地客户的小滑雪场,滑雪场的差异化的规模和发展满足了不同人群的滑雪需要。1962 年科罗拉多州的韦尔开业,有意为滑雪者设计不同水平的雪道,使滑雪运动成为更容易学习的运动,也促进了不同水平人们的加入。在 20 世纪 50 年代末和 60 年代,科罗拉多滑雪场的数量随着滑雪者的数量而增加。到 1966 年,该州三十个地区中只有七个是在 20 世纪 30 年代修建的滑雪区域,以科罗拉多州为典型的西部市场已经蓄势待发,并呈现出赶超东部地区滑雪场的趋势。

4.3.4 科技成果转化助推滑雪运动专业化发展

4.3.4.1 滑雪装备器材的专业化发展

“近几年来,由于科学技术的发展,世界的运行方式发生了根本的变化。长途电信价格下降、计算机的普及、全球网络的出现,以及生物技术、材料科学和电子工程等领域的发展,创造了十年前根本不可能想象的新产品、新服务系统、新兴行业和新的就业机会,这就是当今人们所说的知识革命。"[①]知识革命包括技术革命和信息革命,技术革命尤其是材料技术的应用改变了滑雪运动发展。滑雪装备从最初的木质雪板,开始向玻璃纤维雪板、雪杖、雪镜等多方面的需求发展。二战结束后的科技发展日新月异,二战中的高精尖技术逐步向大众领域拓展。

滑雪运动的装备、设施迅猛发展,在迎合大众消费生活的同时更加注重滑雪者的体验。滑雪设施的发展主要体现在两个方面的进步,一是以"人"个体为中心的滑雪装备的发展,二是以滑雪场地为中心、滑雪场的塑造为中心的发展。装备器材的发展与现代化进程中个体追求幸福感的行为相结合。

从滑雪运动兴起到发展的近半个世纪,滑雪板是滑雪运动中仅有的可以借助的专业器材。长期以来,由于科技条件有限、参与群体较少,滑雪装备的发展较为缓慢。直到"二战"之后,科技发展带动了滑雪装备的发展,人们的需求也更加具体,1950 年以来,雪板、雪鞋、雪镜以及雪杖等滑雪装备相继问世。

在"二战"以前,人们使用的木质雪板是一种消耗品,在滑雪道滑行一天就可能损坏雪板。20 世纪 50 年代中期,滑雪板开始使用聚乙烯 P-Tex 和 Kofix 材料制作雪板。对雪板保护逐步受到了人们重视,不仅是为延长雪板的使用时间,还是为了使得雪板发挥其转弯、刻雪等性能。二战后,瑞士的 A-X 打蜡技术,通过将蜡与石墨粉混合,有效保护了雪板,提高了滑雪速度。

在木质雪板的基础上,金属板和纤维板两种材质雪板使雪板发展进入新的发展阶段。雪板的快速发展得益于陆军过剩雪板在战后向大众的推广,重要的是飞机工程师霍华德·海德在 1950 年成功开发出金属滑雪板,大幅度提高了木质滑雪板的性能。金属滑雪板比木质滑雪板更轻、更容易转弯。1950—1951 年滑雪季节,海德制造了三百种标准型号,只有黑色和三种长度(205 到 220 厘米),售价为 85 美元一副,对于大多数滑雪者来说超过一周的薪水。[②]

到了 20 世纪 50 年代中期,海德雪板成了美国最受欢迎的滑雪板,而且这是美国制造的滑雪板第一次在欧洲广泛销售。1954 年,玻璃纤

① 何传启.第二次现代化——人类文明进程的启示[M].北京:高等教育出版社,1999:259.

② Anne-Mette Hjalager.100 Innvations That Transformed Tourism[J].Journal of Travel Research.2015(54):3-21

维制作的滑雪板在市场出现，进一步提高了人们转弯技术和滑雪速度。事实上，整个20世纪60年代，滑雪板通常由木头和环氧树脂胶组成，而很少使用玻璃纤维制作的滑雪板。当时，撑竿跳高运动员开始用玻璃纤维杆创造新纪录。到1966年的世界滑雪锦标赛时，有一半以上的选手尝试使用玻璃纤维滑雪板。①

雪板的改进催生了雪鞋和绑定技术的改进。1955年，第一款皮革扣靴引起了市场的轰动。十年之后，塑料滑雪靴出现，它的设计是在硬外壳内部增加了一种双层柔软靴的系带靴。内靴避免了皮肤和雪鞋之间的摩擦，同时使保暖性增强。今天人们穿的后入式靴子是在1975年发明的，靴子的整个后部铰接在雪板上，以便可以轻松地将脚穿入其中。脱离技术也在二战后的几十年中迅速发展，线性脱离器让位于弹簧脱离器。20世纪50年代纽约州立大学工程师戈登·利佩发明的一种方便的小型释放装置于1965年开始向商店和滑雪者出售。从1979年开始，利佩对线性脱离器进行了改进，制定了国际体系来校准脱离时所需的力量。1963年，米勒发明了弹簧叉式制动器。弹簧脱离器可以帮助人们在滑倒时将滑雪靴与滑雪板迅速分开，缓解了人们对于滑雪运动中的恐惧，改善了对滑雪板的控制。②新装备的不断发展改善了滑雪者的滑雪体验，也减少了滑雪运动带来的伤害。1985年之前的十五年间，绑定脱离技术进步已经成功地将胫骨骨折减少了86%。③

除了滑雪板和脱离器，人们滑雪最常用的雪杖也在这时期实现了更大范围的推广。雪杖的作用是为了使人们在滑雪过程中实现转弯，通过将雪杖插入雪中辅助实现转弯时候的身体平衡。在20世纪60年代之前，雪杖主要是竹子或制造高尔夫球杆的铁杆。直到1959年，美国的太阳谷滑雪店的老板埃德·斯科特设计出了第一个锥形铝合金滑雪杖，

① J.Nadine Gelberg.History of Sport Technology: Policy Strategies to Balance Challenge, Traditon, and Invovation[D].The Pennsylvania State University, 1997.

② John Fry.The Story of Modern Skiing[M].London: University of New England, 2006.

③ RICHARD D. GORDIN.Reflections on the Psychological Preparation of the USA Ski and Snowboard Team for the Vancouver 2010 Olympic Games[J]. Journal of Sport Psychology in Action, 2012, 3: 88 - 97.

它足以抵挡滑雪过程中的磨损。① 斯科特的发明在三十年后,被昂贵的高性能碳纤维所取代。可释放的手柄减少了手腕和手的伤害,改进的滑雪板和滑雪杖使滑雪者实现更完美的滑行。

4.3.4.2 技术实践中滑雪景观的塑造

"二战"后人们对于阿尔卑斯自然景观的掌控力逐步增强,现代技术将滑雪运动发展带入新阶段。20 世纪,雪曾经被视为阻碍进步的障碍,也被视为安全的隐患。但在休闲健康市场促使下,阿尔卑斯的雪资源却成了维持产业发展的主要支撑,也是谋取经济利益的重要手段。尽管人们意识到雪资源带来的利益,但却一直受制于雪量的多少,对于这一自然依赖十分严重的项目,雪量大小直接影响了市场的发展。在冬季适当的时候保证最充足的雪量,以维持基础设施和服务部门的大量资本正常运转。而技术的发展实现了雪资源的有效控制和利用,人为地协调了生产者和消费者之间的关系,实现了二者之间的良性循环。

方志军认为,科技对于滑雪运动的帮助是巨大的。在科技帮助下,通过建设室内雪场,满足了自然欠发达地区滑雪参与者的需要。雪量的增加也为雪期的延长起到了重要作用。但是科技也并非是万能的,科技也是在一定自然条件下实现的。从滑雪运动发展来看,资源优势仍占据项目发展的主要地位。

(1)雪崩控制。

对于雪资源的掌控不仅源于经济发展,也是基于生命安全的保障。以雪资源为利益发展的阿尔卑斯地区,一直以来也在忍受雪资源的危害。几个世纪以来,在阿尔卑斯山滑雪的主要环境创伤来自雪崩,许多人都知道这个灾难是"白色死亡"。满足人们休闲娱乐需要的雪,既是必要存在,又为这项运动增加了额外的风险。早期的滑雪手册包括关于雪崩的警告和生存指示,提示人们对于天气、地形的复杂条件的掌控,而这些多来源于丰富的经验和本能的直觉,对于人们而言,雪资源的不确定性可能随时危害到人们的安全。

国家和社会团体积极促进"白色经济"的发展,通过规划设计阿尔

① J.Nadine Gelberg.History of Sport Technology: Policy Strategies to Balance Challenge, Traditon, and Invovation[D].The Pennsylvania State University, 1997.

卑斯山的景观环境，减少雪崩对于资本和人类生活的破坏。为了减少雪资源带来的安全隐患，度假村经营者和国家官员采取多方措施以减少引发雪崩带来的不稳定因素。最初，阿尔卑斯地区的军队通过使用迫击炮或从直升机投射炮弹引发小规模的雪崩，从而使无法预料的雪崩破坏能力降至最低。军事化的防御措施，使得阿尔卑斯地区的景观塑造缺乏美感，坦克等设备的存在营造出了战斗的场景。后期，随着资本产业的发展，度假区经营者竖立了围栏和雪崩缓冲墙以引导和阻止雪崩的蔓延。

（2）造雪技术革新。

人们与自然的掌控是一种渐进性的过程，控制雪资源的安全只是一种基础性的投资，而通过雪资源维持长久的经济效益则是国家和经营者的长期目标。对于阿尔卑斯地区的冬季度假区而言，雪资源的储备能力是市场竞争的关键。从地理条件来看，阿尔卑斯山比其他欧洲滑雪目的地（如比利牛斯山脉）具有明显的优势，因为他们的天气一直比较寒冷，这使得前者安全性更大。即使在阿尔卑斯山内，雪的品质和安全也存在很大的差异。法国南部的阿尔卑斯山和意大利的冬季由于受到地中海暖流的影响，比北阿尔卑斯山的赛季缩短了两到四周。相比之下，萨伏依的西北阿尔卑斯山和伯尔尼高原由于长时间暴露在大西洋寒冷、潮湿的风暴中而享有特别长的和可靠的滑雪季节。

20 世纪 50 年代末，造雪设施开始逐步向市场投放使用，使得雪资源成为弥补自然条件的一种手段。造雪设施降低了气候风险对于滑雪市场的控制，也为资源欠缺地区和低海拔地区滑雪市场的发展提供了可能。

20 世纪 50 年代末，人工造雪设施开始在市场出现。马萨诸塞州的一家工程公司开发了一种制雪系统，该系统在当年一个东部滑雪场获利。造雪有望使滑雪的天气风险降低，而这项技术主要帮助东部和中西部的滑雪场、相对较低海拔的地区得到充足雪资源的保证。1961—1962 年阿迪朗达克当局在白脸山安装了造雪设备。管理局斥资 9.8 万元安装了最大型的造雪机，该中心在 1961—1962 年赛季提供了 105 天的滑雪，尽管降雪量远远低于 72 英寸的平均水平，但几乎是前一年的两倍。在 1963—1964 年间，人造积雪使得该中心每个周末都能迎来 2000 名游客。1964 年,该局将额外的管道一直铺到最高的雪道。①

人工造雪不仅限于资源欠缺地区,也是资源优势地区有效延长雪期的重要手段。20 世纪 50 年代后期,丹佛郊外的魔术山安装了一个制雪系统,在自然环境之外通过雪枪向雪场内喷射,自然和人工保障下科罗拉多州的度假胜地偶尔需要比所提供的天气多几英寸的雪。② 在科技的助推下,人造雪改变了人类与大自然的关系,滑雪场经营者可以制造他们所依赖的自然资源。人工造雪设施被越来越多的滑雪场使用,赶在雪季最早开放、最晚结束是滑雪场竞争的核心环节。同时这也在一定侧面反映出滑雪产业的快速发展以及滑雪人群数量的增加,滑雪场通过投资先进设备实现滑雪场盈利和发展。

20 世纪 80 年代,造雪技术实现进一步改善,比雪枪造雪能力更强的雪炮开始在滑雪场出现。雪炮的运转需要多方面的配合,供电、蓄水是高山地带的重要挑战。20 世纪 80 年代,阿尔卑斯山开始大规模实施雪炮,法国阿尔卑斯集团旗下的莱蒙纽瑞思(Les Menuires)的度假村的运营商安装了一套自动化系统,利用每小时发电量为 1320 千瓦的附带发电中心以及蓄水量为 53000 立方米的蓄水能力,在 1725 米至 2250 米之间进行人工造雪,系统可以覆盖八公里的滑雪道,从而保证了雪上的安全,并明显延长了季节。③ 到 2006 年,阿尔卑斯山滑雪场中约有 30%的滑雪场可以得到人造雪,人工造雪的滑雪场维护达到 80%。④

科技成果向滑雪领域的转化,使得人们对于自然的掌控力更强,对于滑雪资源的控制更主动。雪资源是制约滑雪运动的主要因素,雪量过大则会威胁滑雪者的安全,缺雪就没有滑雪运动开展的可能。在对待雪崩危险中,战时武器解决了滑雪的潜在危险,迫击炮、坦克等消除了雪

① Jonathan David Anzalone.Creating a Modern Wilderness Playground: The Transformation of the Adirondack State Park, 1920-1980[D]. Stony Brook University, 2012.

② Anne Gilbert Coleman.Culture, Landscape , and The Marking of the Colorado Ski Industry[D].University of Colorado, 1992.

③ Andrew Denning, "From Sublime Landscapes to 'white gold': How Skiing Transformed the Alps after 1930" [J].Environment History 19 (January 2014): 78-108.

④ Pröbstl, 23. Austria and Italy invested most heavily in snow cannons and could treat fully 40% of allAlpine pistes with artificial snow. France could apply artificial snow to 13% of Alpine pistes, while Switzerland and Germany could cover 10%.

崩带来的危险；而研制的造雪设施解决了雪资源匮乏的问题。科技对于多雪和少雪地区都是巨大的福音，滑雪运动的自然依赖度降低，对于人工的技术要求更高。在保证滑雪资源有效利用的基础上，造雪机、防雪墙等设计已成为滑雪场发展的必备设施，保证安全、延长雪期是滑雪运动发展复杂化的表现，也成为经济利益谋取的重要手段。科技成果转化为滑雪运动的迅猛发展提供了强有力的动力。

（3）升降设备的发展。

人们对于设备的需求是不断推进的，滑雪运动在设施的推动下，将人们从城市带入到山间，又从山脚下带上山顶。工业化的交通是让人们走出城市的第一步，而升降设备则是带人们上山看风景的重要条件。升降设备的种类多样，不仅仅限于现在常见的吊椅、吊箱等设施，J 型或 T 型吊绳将人们带入山顶最简易的设施。滑雪升降设备调节了人们与山体之间的关系，增加了人们参与运动的机会。升降设备的存在缩短了人们上山耗费的时间，延长了人们的滑雪体验时间。滑雪升降设施的改善，不仅是人性化的进步，还是人们对于滑雪安全性能的一种追求。

“二战”前，美国全国的滑雪场多以 J 型或 T 型的吊绳为主，在 1956 年至 1965 年的十年间，建造了 1 392 座新式的缆车和架空缆车。仅在 1964 年，北美滑雪场共安装了 247 部电梯，其中包括 93 座缆车和一座敞车。①

（4）滑雪景观的改造。

滑雪运动的发展是运动本身与山体之间的互动，兴起阶段人们只能凭借经验在山体找适合的坡度进行滑行，而在技术逐步完善之后，则是在能力范围内山体景观的改造。树木砍伐、路线的设计是决定人们滑行的主要方面，设计师和滑雪场对于山体的景观塑造，决定了人们的滑雪体验过程。雪道的不同坡度、长度以及路线的设计是滑雪体验的关键，多样化的雪道已经成为市场发展的需要。战后，新兴的滑雪场意识到，不应该只为专业滑雪者修建专家道，开始为了迎合市场需要，为刚入门的初学者修建初级和中级道。滑雪道级别的差别促进了更多群体的加入。

滑雪景观是一项负责工程，除了总体的设计之外，对于雪道维护也

① John Fry.The Story of Modern Skiing[M].London: University of New England, 2006.

是滑雪体验的重要方面。滑雪场的雪道至少满足三个方面的条件,才能承载人们的滑行体验。一是对于滑雪道的设计和规划;二是充足的雪量,需要通过人工降雪进行持续保障;三是对于人们反复滑雪的雪道进行多次修缮和维护。冬季公园经理史蒂夫·布拉德利发明了这个国家的第一个雪上"美容工具",因此被誉为"护坡之父",在滑雪巡逻人员的帮助下,将人们滑行时自造的雪包压平,使得雪道保持平缓没有障碍。大约十年后,戈迪·雷恩研制出一台早期的压雪机。压雪设施在战后年代开始使用,20 世纪 50 年代中期,新罕布什尔州的加农山上的积雪不断增加,雪场引入了带有滚筒和钢轨的压雪车,它可以拉动滚筒或链条围栏以打破冰面使雪道畅通无阻,为了避免在白天干扰滑雪者滑雪,多数雪场的压雪机在夜间完成雪道修复工作。

滑雪运动的人性化是滑雪装备、滑雪场逐步升级改造的过程,是从低端滑雪装备、设施改善成让人们体验舒适的装备、设施的过程。它是在滑雪运动大众化基础上,人们对于装备和社会更高要求的体现,也是科技发展到一定水平的结果。雪板、雪杖、雪镜等专业化的设备以及保持平整的雪道,为人们的滑雪体验增加了快乐和刺激。压雪机的发明也成了继升降设备、造雪设备之外雪道维护的滑雪场基础配备。对于先发国家来说,人性化是一个逐步的发展过程,而对于后发国家来说则是优势的借鉴,直接汲取先进成果是滑雪运动开展的有效方式。

4.3.5 全球化进程中欧美两大滑雪运动中心区形成

滑雪运动在战后发展呈现出一体化的趋势,在国家和私营企业的推动下,欧洲借助美国马歇尔计划的资金援助,通过建设交通网络,打通阿尔卑斯地区国家之间的联系,同时通过人员、设施以及滑雪场的规划实现阿尔卑斯地区滑雪产业的繁荣发展。对于美国而言,战后国家政策向西部倾斜,带动了西部滑雪市场的繁荣。西部滑雪资源丰富,如发展成熟的科罗拉多州仅有两家是国营滑雪场,其余都是私营滑雪场。尽管美国滑雪市场一直受制于林务局的管辖,但是在私人资本运作下,不同的资本涌入滑雪领域,带动了滑雪市场规模化发展。州际交通公路的深入,将更多滑雪场联合在一起,大型的滑雪场之间开始出现了并购的趋势。

4.3.5.1 区域间滑雪资源的共享与共赢

经济全球化是第二次现代化在经济领域的主要表现，经过冷战之后的世界格局呈现出合作和发展的趋势。经过了战争影响的欧洲国家，以重振经济为目标打破了国家限制，逐步开始出现人员流动、相互依存的特征。在区域发展大背景下，滑雪运动开始呈现出一体化的趋势。在国家和私营企业的推动下，欧洲借助美国马歇尔计划的资金援助，通过建设交通网络，打通阿尔卑斯地区国家之间的联系，同时通过人员、设施以及滑雪场的规划实现阿尔卑斯地区滑雪产业的繁荣发展。经济市场的一体化推动了滑雪市场的繁荣，在竞争中共享地域资源，从资源、商品、人员等多方面实现滑雪运动一体化的发展。

（1）区域资源一体化。

马歇尔计划的经济援助扶持了欧洲经济的复苏，而马歇尔计划实施的前提就是需要欧洲国家作为一个整体接受来自美国的援助。[①] 迫切需要得到救助的欧洲国家在这一时期不得不考虑一体化发展的问题。阿尔卑斯山地区的周边国家，法国、奥地利、瑞士是主要滑雪区域所在地，尽管国家之间存在竞争问题，但是为了实现经济发展，重振阿尔卑斯地区的滑雪品牌也至关重要。对于滑雪运动本身而言，从地理条件上来看，几个国家分享了阿尔卑斯一座山的整体资源，联合开发应该是滑雪运动发展的一种必然趋势。商业利益的压力导致政府进行大规模的公共工程项目，法国、奥地利的国家和私人组织通过打通阿尔卑斯山之间的阻隔，使阿尔卑斯地区滑雪运动一体化发展迈出了第一步。

法国、奥地利以及意大利等国家对于滑雪产业发展主要集中在两个方面开展，一是增加城市与阿尔卑斯山之间的交通联系，增加交通网络设施；二是以滑雪度假村的改善为主，集中改善滑雪场的硬件设施以及相关的住宿等服务设施。1945 年，法国冬季滑雪区域组成了体育协会，通过游说政府改善商人、企业，实现法国车站之间的合作来宣传法国旅游业。在该协会的努力下，国家各方面开始通过相应举措来推动法国旅游发展。国家铁路公司改变了其火车时刻表，满足从巴黎和马赛等主要城市地区到达阿尔卑斯山的游客需求，国家工程队完成了扩大道路的项目，建造桥梁和隧道，以便运送汽车和铁路到山上。当地社区政府也

① 赵贞．欧洲一体化启动阶段的美国因素分析 [D]. 济南：山东大学，2012.

采取行动，协调服务，如应用水、下水道、电力、除雪、消防和紧急服务等技术设施。紧随其后是奥地利，1963 年全程 2549 英尺长，620 英尺高的高速公路竣工。高速公路将德国高速公路、意大利汽车公司在布伦纳的通道连接，从而改善了欧洲的南北流通，奥地利成为一个重要运输走廊。意大利国家奥林匹克委员会为筹办冬奥会花费了 32 亿里拉建设冰雪场馆设施，意大利政府又花了 4 亿 6000 万里拉来改善该地区的基础设施，包括道路、铁路、污水处理系统、路灯照明改造工程和停车场。20 世纪 60 年代中期，阿尔卑斯地区的各个度假地提供的住宿服务达到了都灵 15000 张旅游床位、圣莫里茨 12000 张床位、达沃斯 11000 张床位、加米施—帕滕基兴 10700 张床位、夏蒙尼 10000 床位的规模。① 在 1972 年阿尔卑斯山电梯每年运送 1000 万乘客。到 20 世纪末，这个数字已攀升到每年 5 亿多。②

（2）区域产品一体化。

二战后的法国度假区是公私合作的产物，法国政府对冬季旅游发展的第一个举措就是 1946 年库尔舍维尔的开业。法国政府和商人开始精心规划符合阿尔卑斯山滑雪者需求的特色滑雪场。最引人注目的支持案例是法国政府的行政管理委员会，其目的是研究潜在的旅游景点，并协调私人开发商建设新冬季运动度假区。在 1965 年至 1975 年间，通过政府大量投资，法国冬季度假村增加了 15 万张旅游床位。

法国战后的度假区与阿尔卑斯山谷处于相互分离的状况。由于度假区可以满足游客滑雪、酒店、餐馆、购物和娱乐等需要，成为一个单独的发展空间，满足了战后人们对于综合豪华服务的体验。全包度假协调了广泛的服务，包括运输、住宿、餐饮、娱乐、滑雪设备和雪票，从而让阿尔卑斯滑雪者感受到花费最少的时间和精力，得到最全面的服务。

1956 年冬天开设的第一个度假中心——地中海俱乐部，是“全包”服务的典型。地中海俱乐部为人们提供滑雪、课程、社交活动等一揽子服务。地中海俱乐部进入冬季旅游市场说明了群体对于滑雪度假需求的增长。在接下来的几十年中，地中海俱乐部在阿尔卑斯、法国、意大利和瑞士增加了更多的投资，俱乐部品牌的“全包”承诺吸引了来自全

① Andrew Dening.Skiing into Modernity：A Culture and Evironmental History[M].University of California Press，2013.

② John Fry.The Story of Modern Skiing[M].London：University of New England，2006.

球的滑雪者。到了20世纪60年代,现代法国冬季旅游度假地的组合和成功,将法国从二等旅游目的地提升到领导地位。法国成为首屈一指的旅游目的地,与奥地利和瑞士一起并驾齐驱,法国滑雪站的数量从1945年的30个增加到1975年的200个。与此同时,意大利人也跟随法国的模式,以公私合作的方式,迅速扩大他们的产品。①

经济一体化带动下,国家对于滑雪运动的发展从资源竞争转向资源共享。各自独立发展的滑雪市场需要在联合区域资源的基础上谋求更大的发展。通过铁路、公路交通打通国界的限制,滑雪者可以借助交通工具在阿尔卑斯地区驰骋,打破了国家单一发展的格局。滑雪运动萌生和兴起阶段的滑雪基地,如法国的夏莫尼、瑞士的圣莫里茨、奥地利的基茨比厄尔等地区从之前的竞争,逐步走向了互利共赢,这是对于本身具有优势资源优势和历史发展积淀的滑雪地区资源的加强,以整体区域为新身份谋求新的发展,从而带动不同国家滑雪市场的发展。同时,滑雪市场也开始追求从滑雪课程、滑雪教学、滑雪服务等多方面的"全包"服务,法国的地中海俱乐部以"全包"服务成功打造地域品牌,阿尔卑斯地区国家也开始逐步引入这一模式。经济一体化是对于滑雪市场发展的一种同步性的发展行为,也是优势资源分享的过程。在这一举动下,滑雪者将更加受益。地区连通意味着更加多元化的选择,而一体化的品牌发展则是减少滑雪运动服务环节、人性化的服务滑雪人群的需要。

4.3.5.2 区域内滑雪市场的协同、联合发展

在滑雪运动不断发展的过程中,滑雪群体的增长带动了滑雪市场的规模化、专业化发展。滑雪运动也不是单纯的体育运动,而是形成了以滑雪运动为中心,集合旅游、购物、休闲等多方面的综合体验。滑雪运动不再局限于地区性或特定阶级的行为,而是借助火车、汽车、飞机等现代化交通工具实现地域上流动的消费行为。滑雪市场协同化是经济全球化的体现,是经济现代化的重要方面,是全球范围内资源共享、有效配置的重要方式。合作、并购已不再局限于地区之间,跨国收购也是大型滑雪场占领优势资源的重要形式。这一趋势是滑雪市场优胜劣汰的结果,也是滑雪产业繁荣的标志。

---

① John Fry.The Story of Modern Skiing[M].London: University of New England, 2006.

从滑雪运动的兴起到滑雪运动的大众化发展，滑雪市场随着参与群体从单一的滑雪场向综合购物、休闲等多方面体验发展，在这一进程中，滑雪市场中滑雪场、滑雪度假区等不同规模的滑雪场出现，大小规模不一，也满足了不同群体的消费体验。而对于市场发展而言，合作共享已经是提供全方面服务的大趋势，大型滑雪场对小规模雪场收购也是市场竞争的结果。滑雪运动已经成为大众参与活动，不同层次滑雪场为不同群体提供了更多选择。

国家雪联裁判阿尔伯托（Albertor）认为，欧美有很多滑雪场都是合作的关系。像美国的西部滑雪场 Vail 这类企业旗下就拥有很多有名的滑雪场。而在欧洲，我们可以坐公交车或者火车在阿尔卑斯山之间的滑雪场滑雪，也可以购买缆车票，因为很多缆车连接了大型雪场。滑雪场之间的合作，为滑雪消费者提供了很多的选择机会，根据缆车的价格，更加灵活地选择滑雪消费区域。

（1）不同资本注入，滑雪场并购成为主要趋势。

滑雪场之间收购的主要原因还是滑雪运动的发展，各领域不同的资本投入滑雪产业寻求效益。滑雪场告别之前长期亏损的状态，扭亏为盈反映出滑雪市场的成长。收购主要是以石油公司、房地产公司对滑雪场的投入为典型，以增加集团旗下的滑雪场为主要方式。

第一，在自己滑雪场周边开拓新的地域，以阿斯彭为例，先后围绕阿斯彭开设了巴特米尔克（Buttermilk），阿斯本高地（Aspen Highlands）和斯诺马斯（Snowmass）三家滑雪场。

第二，在自身发展的基础上，大型的滑雪度假村通过合并收购周边小雪场扩大规模，最大限度地获得经济收益。

1970 年，房地产开发商丹福勒宣布计划在丹佛 9 号峰基地附近开发价值 5200 万美元的度假村，共建设 160 个公寓。同年，阿斯彭透露购买整个布雷肯里奇滑雪场，并增加两台电梯和 200 英亩的开发区域。1973 年，Ralston Purina 公司接管了 Keystone 滑雪场的所有权，并在五年后收购了洛弗兰德雪场（Arapahoe Basin）。①

第三，跨国跨地区收购也成了很多大型滑雪企业的并购模式。20 世纪 80 年代、90 年代，丹佛市和加拿大度假村开发商之间着手跨区

① Michael W. Childers.Fire on the Mountain： Growth and Conflict in Colorado Ski Country[D]. University of Nevada， Las Vegas，2010.

域的并购。1976年成立的房地产开发公司西域置业公司（Intrawest）于1984年收购了不列颠哥伦比亚省黑梳山（Blackcomb）滑雪场。到1993年，Intrawest成为加拿大最大的滑雪场企业，拥有魁北克省的Tremblant滑雪场和不列颠哥伦比亚省的Panorama山。为了扩大市场，企业开始寻找加拿大以外的地方，并于1996年购买了科罗拉多山的铜矿。同年，Intrawest将黑梳山邻近的惠斯勒滑雪场（Whistler Ski Resort）合并，创造了北美最大的滑雪胜地。自此，韦尔滑雪度假公司和新英格兰的美国滑雪公司、Intrawest成为北美“三大”滑雪场集团。

（2）打造城市交通网络，加强滑雪场之间的连通发展。

尽管受到不同资本运作的影响，滑雪场之间的连通发展成了滑雪场发展的趋势。与科罗拉多州临近的犹他州，围绕沃萨奇山（Wasatch）的阿尔塔（Alta）、鹿谷（Deer Valley）、帕克城（Park City）和雪鸟（snowbird）等知名滑雪度假区通过交通贯通、设施共享等方式逐步实现了滑雪场之间的贯通发展。在20世纪50年代，犹他州的帕克城以“滑雪犹他”的广告宣传，吸引了人们驾车参观旅游。1970年，这个拥有8000人口的小镇上，游客平均每年有60万人。1981年，帕克城周边的雪公园滑雪场更名为鹿谷，其自然滑雪和人工造雪面积分别达380公顷和270公顷。在此期间增加了5条索道，1991年在原有雪道基础上新增了中级道和雪上技巧高级道，反映出自由式滑雪在北美的大范围发展。1998—1999年雪季，鹿谷进行了大规模扩建，新开发了两座山峰，整个雪场共设置了2个绿色初级道、3个蓝色中级道和3个黑色专家道。2002年随着盐湖城冬奥会举办，帕克城建立起免费城市交通系统，路线连接了鹿谷度假村，还提供了从盐湖谷到帕利峡谷（Parleys Canyon）到帕克城（Park City）的两条交通服务线路，地区间实现有效连通。

（3）不同滑雪场间一票贯通，多层次、多选择满足消费需求。

紧随发展趋势，阿尔塔（Alta）在20世纪90年代逐步实现滑雪设施的更新改造工程，在扩大规模之余与周边雪场连通，实现缆车贯通的发展。1999年以来，阿尔塔相继将三人座椅换成四人座椅，2007—2008年赛季，阿尔塔推出了一种新型电子票务系统。从2002年冬季开始，阿尔塔及其邻居雪鸟滑雪场开始联合提供一日游票和季票，让滑雪者凭票进入任意雪场滑雪。

“二战”后，法国为在旅游竞争中赢得一席之地，以不同海拔高度的雪资源优势，修建了高雪维尔和莱萨尔克两大综合滑雪场。每个雪场由不同海拔高度的多个雪场构成。高雪维尔（现称为三峡谷）的四大滑雪场分别是：高雪维尔 1300、高雪维尔 1550、高雪维尔 1650 和高雪维尔 1850；1968 年到 1979 年间创建的莱萨尔克（Les Arcs）是帕拉迪斯基（Paradiski）系统的一部分，归法国上市公司阿尔卑斯集团所有。这一综合体主要包括：Arc 1600（1968），Arc 1800（1974）和 Arc 2000（1979）三个不同的度假村，Arc 2000 是 1992 年阿尔贝维尔冬奥会的速滑馆所在地。① 滑雪场不仅提供开放的雪道（尤其是 Arc 2000 以上），同时也开放了在树木繁茂地段滑行的野雪雪道。两大滑雪综合体的不同纬度雪场之间，通过缆车系统与其他高速公路相连相互贯通。在此基础上，两大滑雪集团也开展合作，使用任意雪场的雪票都可以选择他们旗下的雪场进行滑雪。

协同化发展是滑雪市场发展成熟的结果。大型的滑雪企业对小型企业进行收购，集团下的滑雪场呈现不同的发展规模，提供差异化的滑雪服务。为了避免大企业对小滑雪场的竞争压力，在收购之后滑雪者可以使用雪票进入不同的滑雪场。对于小型企业而言是一种补偿，也是防止恶意吞并的市场调节。索道缆车、公路、火车等交通设施的连通发展，也是滑雪多元化的体验的重要标志。这一转变是滑雪运动大众化的结果，从市场的角度需要在更优质的发展中谋利，而对于滑雪者而言，滑雪运动已经是一项长久进行的持续活动，人们已经具备了根据自己的滑雪能力选择不同雪道寻求快乐的能力。滑雪市场协同化是滑雪运动繁荣发展的产物，也必将继续服务滑雪运动的持续发展。

4.3.6 多元文化发展带动滑雪项目再创新

4.3.6.1 自由式滑雪运动的发展

多元化是实现第二次现代化国家文化领域的重要特征，人们也开始受到现代多元文化的影响，个人行为开始追求个性和创新。多元化的文化特征作用于滑雪运动，实现了滑雪运动的新突破，自由式滑雪、单板滑雪项目出现实现了滑雪运动创新化发展。

① Jennifer A. Brown.How the Winter Olympics Enrich Community Legacies for Recreational Open Space： A Case Study of Selected European and Amercian Olympic Sites[D].Utah State University，2003.

20 世纪 60 年代后期,美国非主流的嬉皮文化兴起,嬉皮文化是对美国主流文化的叛逆表达,也对滑雪运动项目产生了颠覆性的影响。像欧洲评论家所说,滑雪运动是一种包括态度、语言、服饰在内的生活方式,看似表面的生活方式的改变,实质上是滑雪运动的美国化。[①]对于滑雪运动而言,项目的本土化发展源于地形条件的变化,就像 20 世纪 30 年代北欧滑雪到欧式高山滑雪的转变,而对于滑雪运动的美国化是滑雪方式、技巧的革新,是民族文化和滑雪运动的融合发展。运动员在斜坡上抛弃了训练有素的技巧,打破了传统保持滑雪板的形式,向前倾斜并加重下坡滑雪板的重量,创造性地进行技巧变化,是带有极限挑战以及艺术性质的表演。

在 20 世纪 70 年代初,雪上技巧(moguls)雪道修建技术逐步应用,雪场开始在雪道上修建雪包。为了加快速度,运动滑雪者以快速的膝盖动作和剧烈的摆动绕行雪包或是从雪包顶部掠过。多数情况下,滑雪看起来不像连接转弯,更像是进行连续性的下滑。自由式滑雪唤起人们在滑雪板上不同的滑雪方式,三种自由式滑雪分项兴起:自由式滑雪空中技巧、雪上技巧以及雪上芭蕾。

在 20 世纪 60 年代中期,自由式滑雪新兴的运动呈现专业化。1966 年 1 月,新罕布什尔州北康威东部滑雪场的滑雪教练彼得 · 皮克汉姆(Peter Pinkham)举办了一场名为"滑雪大师赛"的活动。1971 年 3 月,他们在沃特维尔举办了第一届全国滑雪锦标赛,雪佛兰公司为每位获奖者提供 6000 美元的克尔维特汽车奖金。皮克汉姆在 1970 年美国东部业余滑雪协会成立了一个自由式委员会,为项目定义特技、制定规则。1975 年,美国滑雪协会开始举办国家级自由式滑雪锦标赛,同时开始尝试不同的训练办法。冬天,练习雪上芭蕾、雪上技巧滑雪和空中技巧滑雪;夏天,练习蹦床和跳水。在科罗拉多州斯廷博特斯普林斯,自由式滑雪教练帕克 · 斯马利开设了一个自由式中心,在一个移动的甲板上教授空中技巧和芭蕾,以减少自由式滑雪者受伤的可能。

国家滑雪协会(NSAA)的法律顾问建议度假村采取措施,禁止自由式的空中特技。滑雪场担心看到人们在空中的翻转动作,会诱使年轻人尝试类似的滑雪特技。美国单板和双板滑雪委员会还颁布了禁止空

① John Fry. The Story of Modern Skiing[M].London: University of New England, 2006.

翻的法令。这个禁令对滑雪专业人士是毁灭性的打击，因为高难度的动作在吸引电视转播的同时，可以吸引赞助商进行赞助。1978 年，由冠军斯科特·布鲁克斯班克（Scott Brooksbank），加拿大人约翰·伊夫斯（Eaves）和德国的费兹·加哈默（Futzi Garhammer）领衔的自由式滑雪巡回赛在南斯拉夫、法国、奥地利、意大利等地成功举办。

在加米施－帕滕基兴 1978 年国际雪联世界高山滑雪锦标赛开幕式上，电影人威利（Willy Bogner）策划了自由式滑雪的表演，对于滑雪联合会和来自世界各地的奥运组织来说，这是一种全新的滑雪形式。

1979 年，国际雪联正式承认自由式滑雪项目，空中技巧、雪上技巧和雪上芭蕾三种竞赛项目得到认可。但国际雪联指导方针要求，包括滑雪场在内的所有竞赛和场所禁止在空中翻转和翻筋斗。受到律师、滑雪场及其保险公司的多重压力，美国单板和双板滑雪委员会（USSA）在竞赛中只允许采用空翻的技巧动作。因此，美国单板和双板滑雪委员会不能主办 FIS 认可的世界杯赛事。随着 20 世纪 80 年代的进展，滑雪场认为空翻技巧动作的禁止越来越不合理。同时，运动员和教练员技能的提高大大降低了事故的风险。在 1982 年至 1987 年期间，在世界杯赛事中一共表演了六万四千个空翻动作，只有两个导致了严重的损伤。1986 年，空翻转体自由式滑雪动作才刚刚起步。国际奥委会主席安东尼奥·萨马兰奇及时地结束了自由式滑雪空中转体动作的争议。他向国际雪联自由式委员会表示，自由式滑雪在 1988 年成为奥运项目的机会很大，并祝贺该项目被列入 1992 年冬季奥运会比赛项目。

4.3.6.2 单板滑雪运动的发展

比自由式滑雪更晚出现和发展的单板滑雪，在 20 世纪 90 年代蓬勃发展起来。双脚倾斜穿过斜坡，手臂挥舞，感受离心力带来的加速度，单板滑雪给下坡滑行的人们带来新体验。单板滑雪板雏形可以追溯到 20 世纪 20 年代，skiboggan 类似雪橇一样的滑行工具[①]，与雪橇不同的是，以单独木板制成并以木质手柄铰接，骑手抓住手柄以控制平衡。

单板滑雪的奠基人的杰克·伯顿·卡彭特（Jake Burton Carpenter），1977 年在佛蒙特州斯特拉顿山（Stratton Mountain），开始制造一种类似

① Andrew Dening.Skiing into Modernity: A Culture and Evironmental History[M].University of California Press, 2013.

于斯努弗(Snurfer)的器材。在木板前端固定拉绳,滑雪者从坐在雪板改为站立姿势,通过前端的拉绳保持平衡。为了使得设计更加精细,他在Snurfer的板面增加了橡胶带(固定器),确保滑雪者双脚稳定踩在雪板上。

单板滑雪最初的接纳者是一群年龄很小的男孩,他们喜欢朋克、说唱和嘻哈类型的音乐,在大众看来,奇异的服饰、怪异的滑雪技术与主流文化相悖。《改变世界的单板滑雪》(*TransWorld Snow Boarding*)杂志执行主编克兰(Lee Crane)在1993年描述了这一现象,"他们就像帮派成员,通常穿着宽松的牛仔裤和伐木工(*Paul Bunyan*)一样的法兰绒衬衫。"① 除了科罗拉多州的布雷肯里奇和佛蒙特州的斯特拉顿山之外,许多滑雪场最初拒绝向他们出售雪票。

20世纪80年代开始,很多人加入单板滑雪运动中,他们中有一些是陆上滑板的爱好者或者是冲浪爱好者。2001—2002年冬季,滑雪者总数为5420万人次,单板滑雪人数为1600万人次。大型滑雪制造商罗斯(Rossignol)和萨洛门(Salomon)等进行商业企划,投资单板雪板的生产和制造。20世纪末,总部位于佛蒙特州的伯顿(Burton)公司成为全球最大的滑雪板公司。可口可乐公司功能饮料"燃烧"(Burn)近些年开始赞助单板滑雪活动,以单板滑雪电影、赛事和音乐节等形式推动单板滑雪运动发展。② 近些年,单板滑雪已经成为一种前卫的流行趋势,集音乐、表演为一体的滑雪形式受到年轻人的追捧和青睐。

大范围的单板滑雪参与推动了赛事的发展。1989年国际单板滑雪联合会(ISF)组织了5个国家120名选手进行U型场地比赛,但是并未得到国际奥委会(IOC)的承认。国际奥委会承认单板滑雪的条件是将其置于高山滑雪的管理体系内。尽管在尝试进入冬奥运的过程中,单板滑雪的进程并不顺利,但是单板滑雪世锦赛在1996年成功举办。1998年,单板滑雪正式成为日本长野冬奥会的项目,并设置了坡面障碍技巧和U型场地技巧两个小项。

单板滑雪和自由式滑雪是社会文化现象在滑雪运动中的具体体现。在具有广泛滑雪基础的美国,滑雪运动项目实现了创新性的发展。对于滑雪项目而言是翻天覆地的变化,此前滑雪项目的转变是基于地势条件的改变,从越野滑雪向高山滑雪发展。而自由式滑雪和单板滑雪的发展

① John Fry.The Story of Modern Skiing[M].London: University of New England, 2006.

② https: //en.wikipedia.org/wiki/Burn_(energy_drink)#Snowboarding

是从体能性运动向技巧性运动的革新。自由式滑雪最初形成的空中技巧、雪上技巧和雪上芭蕾更具表演性质,单板滑雪则是陆地滑板在雪上的拓展,而其雪板的发展也是滑雪运动中重大创新。随着单板和自由式滑雪运动雪上项目在奥运会中地位更加稳固,“雪重冰轻”的奥运特征更加明显。相比欧美的传统项目,新兴项目兴起时间短,为后发的国家提供了更多的发展机会。

4.3.7 小结

欧美滑雪运动的同步发展是欧美国家现代化进入高级阶段后,滑雪运动兴起之后更高的发展阶段,是滑雪参与群体、市场以及滑雪装备多维度发展的进程。滑雪运动的发展是在二战后,总体而言滑雪市场是呈现出从恢复中走向繁荣的状态,在区域上看欧洲国家的滑雪市场在战争后寻求恢复,但却意识到滑雪运动市场的重要作用,而美国却因为二战后的经济实力大力发展滑雪产业。滑雪运动在这样的背景下初步走向繁荣。大战之后的滑雪运动受到马歇尔计划、国家导向、科技和文化等多方面因素影响,也意味着滑雪运动的全方位的发展趋势,不再是受到单一的或者某几种因素的影响,而是多层次的发展。

曲折中前进的滑雪运动在这一时期实现了前所未有的快速发展,在这一阶段,滑雪运动从部分人的滑雪运动向大众化发展;二战后的科技进步促成了滑雪装备设施的人性化发展;大量的人员参与造就市场提供更加完善、便捷的滑雪体验,滑雪场加大了从交通到票务、缆车多方面合作,协同发展成了发展趋势;而这一时期的滑雪运动呈现出创新化的发展,自由式滑雪和单板滑雪运动开始出现,丰富了滑雪运动项目。

4.4 两次现代化进程中的欧美滑雪运动及对我国的启示

4.4.1 不同现代化时期滑雪运动的发展

4.4.1.1 起步期(1763—1870 年)

1763—1870 年,现代化进入第一阶段,农业社会向工业社会转变。[①] 这一时期工业革命完成，以机器加工、蒸汽动力、机械制造、铁路运输等技术为主导的技术群体系建成，实现了从手工业方式向机器生产的转变。[②]

表 4-2 部分国家现代化进程

国家	现代化政治稳固	经济与社会转型	社会整合
英国	1649—1832	1832—1945	1945—
美国	1776—1865	1865—1933	1933—
法国	1789—1848	1848—1945	1945—
瑞士	1789—1848	1848—1932	1932—
德国	1803—1871	1871—1933	1933—
意大利	1805—1871	1871—	1871—

资料来源：布莱克．现代化的动力．浙江人民出版社，1989.

在现代化发展第一时期，英国的工业革命、美国和法国的政治革命、欧洲的科学革命和教育改革构成了这一阶段现代化的组成内容。以英国为先导力量，世界各国先后实现了现代化道路。一个国家接受和引进现代体育能力的本身就是该国工业发展的一个指数。罗斯托在《经济增长的阶段》中说，最先开始现代化的国家也是最先建立现代体育组织的国家。[③]19 世纪，欧洲大陆现代化国家相继发展体育运动，德国体操、瑞典体操和英国的户外运动，成了现代体育发展中最具影响力的三大体系。[④] 以英国、德国为首的体育运动发起国，奠定了滑雪运动后期的发展基础。

18 世纪 60 年代，大批英国旅客涌入阿尔卑斯山，清新的空气、优美的自然环境让人们形成了一种环境治疗的信念。随后阿尔卑斯度假村逐步建成，1860 年夏莫尼接待了 9020 名游客，1865 年游客数量达到 11789 人，霞慕尼被视为“阿尔卑斯高山上的小伦敦”。[⑤]1870 年达沃斯

① 何传启．中国现代化报告 2011—现代化科学概论 [M]. 北京：北京大学出版社，2011.

② 殷登祥 .STS 科学技术与社会丛书—科学技术与社会导论 [M]. 西安：陕西人民教育出版社，1997.

③ 阿伦·古特曼．仪式到记录：现代体育的本质 [M]. 北京：北京大学出版社，2007.

④ 谭华．体育史 [M]. 北京：高等教育出版社，2009：136.

⑤ E.Joh B.Allen.The Culture and Sport of Skiing：From Antiqutiy to World War II[M]. University of Massachusetts Press Amherst，2007.

Flüela 酒店从 50 张床增加到 216 张。欧洲冬季旅游开始起步发展。

世界大陆另一端的美国社会也在此时实现工业化的发展，为了摆脱殖民统治，争取国家领土的掌控。美国联合太平洋铁路修建规划出现在1862 年的政府宪章中，美国内战中期林肯总统签署法律，要求“从密西西比河到太平洋修筑铁路和通信，保证政府的邮政、军事和其他需求。”铁路交通加强了东西部的联系，但处于资源地带的西部地区缺少了上层阶级休闲娱乐的需求。在经济发达的东部地区，冬季运动一直未能吸引人们更多的注意。1858—1859 年，纽约中央公园建成了滑冰场，滑冰成了美国最受欢迎的运动之一。

工业社会起步期，上层阶级对体育运动的需求已经初现端倪。这一时期，欧美国家对冬季活动发展的场地环境进行了最初的建设。处于现代化前列的英美两国对冬季运动的需求也开始增加，但二者却未能沿着相同的路径发展。实质上是英国领先于美国的现代化，而英国贵族的旅游传统以及户外体育体系的建立，帮助英国最先实现了欧洲冬季项目发展的开拓。英国带有扩张性质地在欧洲寻找休闲度假地，其征服性国家行为为滑雪区域发展奠定了基础。相比英国，美国国土广袤，但经济发达区域却处在资源匮乏地区，这导致了美国滑雪运动的后续发展滞后于欧洲。

4.4.1.2 发展期（1870—1913 年）

工业社会发展期，冬季休闲向更高层次发展。技术辅助下的阿尔卑斯度假村的冬季化运营开始，瑞士的达沃斯、圣莫里茨度假中心的地位逐步确立。在现代化深入发展中，德国超过英国成了欧洲最大的工业国家。[①] 德国也随之加入英国旅游休闲的行列，1872 年，达沃斯一共接待旅客 205 人，其中 116 名德国人、29 名瑞士人、9 名英国人等。处于现代化领先地位的英国和德国成了带动休闲旅游的主要国家。随着挪威人向中欧的流动以及法国、意大利、奥地利高山滑雪军队的发展，阿尔卑斯周边国家实现了滑雪运动的快速发展。1890 年开始，阿尔卑斯周边地方一级滑雪俱乐部相继组建，滑雪运动组织化程度进一步加强。

① 何传启 . 第二次现代化——人类文明进程的启示 [M]. 北京：高等教育出版社，1999.

与欧洲同处领先地位的美国却一直缺少冬季休闲的发展环境。同时期，美国经济发达的地区也出现了体育俱乐部，即1880年建立的阿巴拉契亚山俱乐部。它主张以登山、郊游等活动缓解城市精英阶级的压力，促进健康的生活方式。但这一组织却始终没有发现滑雪资源，也未能形成山间滑行的创造性活动。同时，对于会员的严格限制，也降低了休闲运动大范围发展的可能性。作为移民国家，18世纪50年代的淘金热吸引了挪威移民向内达华州迁移。具有滑雪运动传统的挪威人将这一娱乐方式保留下来，并在移民地区发展起来。1911年，由挪威移民卡尔·豪尔森组织的第一届冬季狂欢节在科罗拉多斯普林斯举行。[①]这一标志性的滑雪赛事也仅限于美国西部移民地区的娱乐，对美国西部滑雪运动的发展具有足够的影响力。

相比于北欧移民在阿尔卑斯地区对于滑雪运动的传播，美国缺少了一定的参与基础，西部地区的移民活动也因地理区位限制难以形成广泛的影响力。现代化发展期，滑雪运动的发展依赖于经济与地缘的优势，更需要外部经验的促进。其中任何单方面的缺乏都无法形成滑雪运动的广泛发展。对美国而言，先进的东部地区具有现代化发展优势，却缺少资源和外来经验；而西部地区具备发展的资源和人员基础，却缺少休闲娱乐的需求。区域现代化差异造成了美国东西部难以形成滑雪运动发展的优越环境。但不能否认，滑雪运动组织化形成是这一时期滑雪运动发展的重要标志。

组织化的发展推动了传统滑雪运动向现代滑雪运动的转型。滑雪运动从借助交通工具的冬季游戏活动，开始向专业滑雪运动发展。挪威移民的介入，促进阿尔卑斯区域初级的滑雪体验向具有专业技术的滑雪运动发展。但处于兴起阶段的滑雪运动现代化特征并不完善，由于同时期军事滑雪的发展，使得运动本身带有了很强的生存、作战性质，与现代生活中休闲娱乐的生活方式相背离。处于度假区的滑雪运动又与治疗、健康等问题相捆绑，是健康疗养的附属品，而非纯粹意义上的滑雪运动项目。

① Anne Gilbert Coleman.Culture, Landscape , and The Marking of the Colorado Ski Industry[D].University of Colorado, 1992.

4.4.1.3 成熟期(1914—1945年)

1914—1945年,人类经历了两次世界大战和全球性经济危机,资本主义世界完成了现代化政治、经济制度的调整,科学技术推动生活方式转变,工业社会现代化基本实现,工业文明中心从欧洲向北美转移。

在成熟期,可以分为欧洲滑雪运动中心的确立(1914—1924年)及美国滑雪运动的追赶时期。在前期的发展过程中,欧洲国家延续了现代化初期和发展期的基础,实现了滑雪市场的繁荣发展;创新性地对挪威滑雪运动进行了改造,高山滑雪运动形成;第一届冬奥会在欧洲成功举办。欧洲滑雪运动的影响力逐步增强并向其他区域扩散。后期,美国对滑雪运动的追赶实质上是对前期欧洲滑雪运动发展阶段的复制。确切地说,是对欧洲现代化发展时期滑雪运动发展的复制。欧洲滑雪文化对美国的影响远远超出现代化早期的挪威滑雪文化。欧洲世界中心地位激发了美国对其效仿和赶超的动力。美国在与欧洲的国际互动中接触到了滑雪运动,开始对这一休闲运动大力推广。美国滑雪运动发展在欧洲模式与本土创新的过程中交互进行。美国创造性地在国家公园内实现了短途的滑雪体验,也在欧洲的引领下推进滑雪旅游的发展。美国东、西部的现代化差异导致了滑雪运动发展的先发、后发的区别,也形成了短途滑雪、旅游滑雪具有明显区域特色的发展模式。美国滑雪运动发展是在现代化进程中国家现代化的追赶过程,以及不同区域现代化差异中的路径摸索。美国在这一阶段确立了以阿巴拉契亚山和西部落基山(爱达荷州、科罗拉多州)为中心的滑雪区域,为美国滑雪运动后续发展奠定了基础。

现代化完成时期滑雪运动的突破性进展在于国际比赛的举办。尽管欧美国家在发展阶段上存在差异,但却都完成了国际赛事的举办。可以说,以冬奥会为代表的国际性赛事是现代化成熟期滑雪运动发展的重要标志。在发展过程中,欧美国家之间已经出现了继承发展的特点。如普莱西德湖等专业性滑雪俱乐部的发展、美国滑雪中心区域的初步确立等,都与现代化发展期欧洲滑雪运动发展过程类似。除了现代化发展水平外,最直接的要素在于先进区域的发展经验。但在快速发展中,一个国家或地区无法在一段时间完成所有内容的模仿或追赶,只能通过先进区域最先进的成果服务于稍显落后的发展状态。在这一时期,主要表现为滑雪列车、滑雪人才的引进等，而借助国家力量实现冬奥会的发展也成了发展过程中的重要手段。但从这一时期滑雪运动的格局来看，欧洲仍处于滑雪运动的发展中心。

在现代化完成时期，滑雪运动完成了从传统滑雪向休闲滑雪的过渡，实现了以休闲娱乐为目的的社会功能。由于欧美两国的发展差异，美国独具特色的城市周边滑雪成了滑雪娱乐的新形式。尽管二战期间滑雪运动发展上升至国家战略层面，但滑雪运动已经是完全脱离了军事滑雪发展的模式，实质上是大众滑雪队员的集结，二者存在本质上的差别。与此同时，世界杯、冬奥会等国际赛事相继在北美大陆举办，滑雪运动在地域范围上得到进一步发展。

4.4.1.4 过渡期(1945 年至今)

1946 年以来，工业国家的现代化实质上是工业文明的高度发展。滑雪运动与现代化发展较一致，呈现出更高水平的发展。美国滑雪运动发展也随着国际实力的改变而增强，在欧洲战争战后恢复时期开始占据主导为地位。

随着战后中产阶级的崛起以及先前滑雪区域的积淀，滑雪市场呈现繁荣发展。中产阶级的加入改变了滑雪运动的发展模式，滑雪市场从迎合上层少数群体向大众化、生活化的趋势转变。在多样化滑雪体验中，满足了更多群体参与的需求。尤其在第二次现代化初期(1970—1992 年)滑雪运动已经呈现出一种纵深的发展，滑雪运动的发展过程开始重复和循环。从滑雪运动的区域看，滑雪区域是区域逐步扩大的过程。在技术支持下，对滑雪资源的获取更加容易，从顺应自然向改造自然发展，滑雪运动对自然的依赖度逐步降低。从局部发展来看，法国滑雪区域的联合是借助现代化初期、成熟期滑雪区域的联合，是一个滑雪场地向滑雪区域形成的过程。从大区域来看，阿尔卑斯地区周边国家资源的开发促成了阿尔卑斯滑雪区域形成。美国也遵循了上述规律，东部的纽约州、新罕布什尔州推动了阿巴拉契亚山资源的开发，而西部的犹他州、科罗拉多州和爱荷华州等区域成了落基山支脉开发的重要组成部分。在第一次现代化成熟期举办的冬奥会，在第二次现代化期间最为显著的特征就是欧美国家出现了二次、多次举办的情况，冬奥会成为了欧美国家滑雪运动发展区域轮流举办的国际赛事。欧美国家中，因斯布鲁克(1964

年、1972 年)、美国的普莱西德湖(1932 年、1980 年)举办了两届冬奥会。法国的格勒诺布尔(1968 年)、阿尔贝维尔(1992 年),美国的盐湖城等都是滑雪运动集中发展的地区。

滑雪运动在第二次现代化阶段呈现出大众化发展的趋势,也是休闲与竞技赛事共同繁荣的阶段。滑雪设施为滑雪运动的大众化参与提供了保证,而滑雪市场大规模的发展提供了多层次的消费服务,打破了少数人参与的限制。对滑雪运动本身而言,休闲度假或是城市周边短途滑雪体验满足了人们的娱乐需求,而大众化的参与趋势也为竞技赛事发展提供了广泛的群体基础。

4.4.2 不同现代化国家、区域滑雪运动的发展

4.4.2.1 欧洲现代化先发国家促进滑雪运动的发展

自工业革命开始,欧洲国家就成了世界格局中的领军力量。先进的工业技术推动欧洲社会从农业文明向工业文明转变,在这一社会巨变中,工业化成了众多国家实现现代化的主要动力。现代化始于工业化,现代化深入则是政治、经济、文化、社会等多领域现代化的过程。滑雪运动跟随这一社会文明转变逐步兴起,多领域变化造就了滑雪运动的发展。

从滑雪运动项目自身的兴起来看,地理气候条件是滑雪运动开展的先决条件。滑雪运动开展区域主要集中分布在欧洲、北美大陆的温带和寒带区域处于季风带的国家,其降水丰富、昼夜温差较小、山脉的落差、足够的降雪量是保证雪上项目开展的前提。从冬奥会的举办情况来看,迄今在欧洲、北美、亚洲三大洲举办了 22 届,其中,欧洲举办 14 届、北美洲举办 6 届、亚洲举办 2 届。这足以证明地理环境对于滑雪运动的决定性作用。地理区域差异造就了滑雪运动在不同区域的发展特点,催生了不同区域项目的创新。

滑雪运动如何发展其实是资源和社会发展的互动过程,现代化的阶段和水平决定了滑雪运动的参与程度、特征以及发展水平。从滑雪运动的发源来看,运动项目本身是可以完全脱离现代化形成的。滑雪运动最初是亚寒带地区人们日常生活的主要方式,他们穿着雪板在冬季雪地中穿梭进行运输或是行军打仗。滑雪运动的实用性较强,因而最初的滑雪

运动都是以贴近自然或是具有军事性的项目特点。最早的滑行形式以挪威的越野滑雪和泰利马可两种滑雪形式最为典型。最早的越野滑雪就是在森林中穿梭行进的一种运动形式,后期传入中欧国家后由于地理条件的限制,在密林中穿梭的形式逐步被在高山上滑行的高山滑雪取代。

高山滑雪又称为阿尔卑斯滑雪,是在阿尔卑斯山地区产生的滑雪运动。最初在阿尔卑斯地区度假的人们对滑雪运动并不感兴趣,主要原因是由于滑雪相比滑冰等冰上项目的实践难度更大,人们对于滑雪技能的掌握十分困难。最初人们更喜欢以马或者狗拉着雪爬犁形式的滑行运动,后期随着滑雪运动的大范围兴起,人们才开始在欧洲的山间寻找合适的山坡进行滑雪。

处于现代化水平高的地区对滑雪运动的需求是滑雪运动发展的动力。英、法、德现代化国家生产力和消费水平满足了人们到户外休闲娱乐的可能。而这样的需求,促进了先进地区对于资源优势地区的打造。像瑞士的达沃斯、圣莫里茨,奥地利的基茨比厄尔、法国的夏莫尼等滑雪运动的主要核心地区,是满足现代化水平较高的人群生活需求的体现。而现代化水平也决定了滑雪区域的消费定位(如表 4-3)。而像英国缺乏运动兴起的自然条件,却可以在周边的瑞士、法国享受到与本国消费水平和品质相类似的生活体验,这是资源优势地区向现代化水平高地区靠拢的过程。因此,早期的达沃斯、圣莫里茨、夏莫尼等地都是以现代化水平高的地区为市场导向的。

表 4-3 欧洲国家人均 GDP 的追赶情况

国家＼年份	1870	1900	1913	1950	1973	1992
英国	100	100	100	100	100	100
德国	59	68	76	63	110	123
法国	57	62	69	79	108	114
奥地利	57	63	63	54	94	109
意大利	45	38	50	50	87	103

注:英国人均 GDP 为 100,其他国家的值为 100× 该国人均 GDP+ 英国人均 GDP。

数据来源:何传启:《中国现代化报告 2004——地区现代化之路》,第 63 页。

现代化水平决定了滑雪运动在国家的开展,也对项目的发展、赛事的举办起到决定甚至是主导作用。大众滑雪项目和竞技滑雪项目相互促进,初期以传统项目之间的组合为主,后期则表现为滑雪方式的创新。作为最传统的滑雪项目,以越野滑雪为基础衍生出了北欧两项和冬季两项。越野滑雪最初用于军事作战,一战期间这一滑雪作战方式在欧洲广泛传播,而北欧两项则是跳台滑雪和越野滑雪的结合。1924 年、1928 年、1936 年、1948 年冬奥会上将军事巡逻项目作为表演项目,这一射击滑雪的项目后来发展成为冬季两项滑雪运动。挪威越野滑雪运动在欧洲国家广泛传播,在阿尔卑斯地区形成了新的滑雪形式即高山滑雪,高山速降和回转成为冬奥会的两个重要分支。例如,1924 年的法国夏莫尼奥运会、1928 年、1948 年的圣莫里冬奥会等举办地,都是高山滑雪运动项目广泛开展的区域。同时,这些具有高山滑雪广泛参与度的地区也是大众滑雪的旅游度假地。越野滑雪和高山滑雪两个项目的兴起,成为滑雪运动后续发展的主要形式,而这一期间的滑雪运动是大众项目和竞技项目共同发展的过程,竞技运动来源于大众参与,又推动了滑雪运动的蓬勃发展。

在滑雪运动的兴起过程中,工业化、经济水平是其兴起的主要原因,但是在现代化实现过程中,并不是所有国家都是通过工业化走上现代化道路的。如法国、德国、意大利等国家,虽是通过军事、教育等方式实现现代化的过程,但也促进了滑雪运动的发展。为滑雪运动的发展提供了动力和途径。其中军事滑雪、学校滑雪运动作为滑雪运动兴起过程中的重要形式,是培养滑雪后备力量的重要方式。由于现代化具有渐进性,后发国家也可以在其不同发展轨迹中选取不同的要素促成滑雪运动的发展。无论是通过发展高端的滑雪度假区、滑雪列车,还是通过军事、教育实现滑雪运动普及,都是后发国家因地制宜选取经验的重要借鉴。

4.4.2.2 美国追赶欧洲现代化实现滑雪运动的持续发展

北美是英国现代化的继承者和发展者,北美地区不仅继承了英国先进的工业化成果,同时也开始效仿欧洲国家滑雪运动的发展思路,并逐步增加新的形式。从滑雪运动的发展地域来看,主要沿落基山脉分布,冬季的太平洋暖流为西部地区提供了丰富的降水。处于加拿大西南部落基山东麓的阿尔伯塔省,最早举办以露易丝湖为中心的班夫冬季狂欢节。

借助欧洲现代化的成果,北美尤其是美国大力发展公共设施,公路和铁路建设是北美现代化进程中的特色。而现代化国家不断增加的消费和休闲需求,也推动了滑雪运动在美国本土的不断发展。随着欧洲阿尔卑斯区域周边的夏莫尼、圣安东和圣莫里茨等滑雪度假村的国际影响力的日益显现,美国贵族开始接触到欧洲的高山滑雪。太平洋铁路的修建促成了美国第一个滑雪度假村——爱荷华州太阳谷度假的修建。不仅如此,欧洲已经形成的滑雪市场还为后发国家输送了大量滑雪人员,二战期间,逃离欧洲战场的奥地利滑雪指导员促进了美国滑雪度假村的发展和高山滑雪的普及。

铁路的发展是欧洲滑雪度假旅游继承和发展的基础,而公路发展则为滑雪运动发展提供了新的可能。美国公路设施的现代化为滑雪运动开展提供了新的发展区域——公园滑雪旅游。美国的滑雪运动是欧洲滑雪运动基础上的城市休闲运动,而非贵族旅游活动,因而其包容性更强,面对的群体更加广泛。加之美国自身的地理环境,滑雪运动多产生在国家森林公园地区,人们在公园旅游之余就能够体验到滑雪运动。而当时的世界格局中,美国在“二战”之后成了世界头号强国,其政治、经济等多方面发展已经开始赶超欧洲。在此基础上,以美国为主导的区域已经开始成为滑雪运动新的发展中心。

美国滑雪运动主要分散在建国时期的 13 州和西部的移民地带。东部是经济水平的城市聚集区,是现代化水平较高的地区。引进的铁路旅游满足了东北部发达区域滑雪休闲的需要,而城市周边的山村则是服务东部滑雪体验的主要场所。这与欧洲国家资源优势地区向经济发展区域靠拢的特征极为形似。这也验证了,滑雪运动是资源优势型地区向现代化程度高地区服务的过程。

人员流动是现代化的重要体现。在美国现代化发展初期,淘金热和西进运动吸引了大量欧洲移民到北美大陆发展。1905 年,一群热衷于滑雪的人成立了美国滑雪协会,7 人中 6 人为挪威人。在滑雪协会的推动下,挪威越野滑雪在美国迅速传播。美国西部科罗拉多州的阿尔塔、丹弗等地区聚集的欧洲移民都是滑雪运动传播的主要力量。

国际化赛事是滑雪运动兴起的重要体现,也是后发国家实现滑雪运动发展的重要途径。而国家现代化的水平直接决定了是否有能力举办赛事。从奥运会的举办来看,北美国家滞后于欧洲,具体来看冬奥会的举办轨迹是从阿尔卑斯山区向美国再到加拿大的过程。这一过程与现代化继承的过程基本一致,现代化也是经过了英法向美国再到加拿大的过程。从一定程度上来看,冬奥会的举办地区反映了现代化的领先地区对赛事举办的掌控。从 1924 年法国夏莫尼的冬奥会到 1932 年普莱西德湖的冬奥会，是现代化国家对滑雪运动引进和发展验证。

滑雪项目发展是国家文化领域现代化的实现过程。滑雪运动的广泛参与是滑雪运动创新的基础，北美国家在滑雪运动大发展的基础上，对滑雪运动进行了创造性的发展。20世纪70年代初，雪上技巧（moguls）雪道修建技术逐步应用，雪场开始在雪道上修建雪包。为了加快速度，滑雪者需要以快速的膝部动作和剧烈的摆动掌握绕行雪包的节奏，或是从雪包顶部滑过。多数情况下，滑雪看起来不像连续转弯，更像是进行连续性的下滑。自由、开放的滑雪形式唤起人们在滑雪板上表达自己的不同精神和理念的意识，自由式滑雪应运而生，20世纪90年代，单板滑雪紧随其后开始兴起。1992年自由式滑雪、单板滑雪在广泛发展的基础上被引入冬奥会，带动滑雪运动走势出现新的发展小高峰。由美国创造发展的自由式滑雪、单板滑雪两种新兴项目加入冬奥会大家庭，丰富了冬奥会项目内容设置，改变了滑雪运动发展格局，北美成为滑雪运动新的主导地区。

在美国追赶和效仿的过程，也是现代化程度与滑雪运动互动发展的过程。在达到欧洲的工业化和城市化水平后，美国也实现了滑雪运动兴起，而其现代化特征也促进了滑雪运动的发展新形态，推动了滑雪运动在地域扩张和运动本身的继续发展。除了效仿滑雪度假地、滑雪列车的成熟经验外，本土特色的公园滑雪旅游、城市周边旅游也推动了滑雪运动逐步充实，也成了后发地区效仿的典型。滑雪运动追赶和发展的过程，是公共设施建设、滑雪资源地区挖掘、经济优势地区引领以及赛事举办等多途径发展的过程。而在竞技项目发展方面，是后发国家引进既有项目，在项目普及的基础上，在不同文化背景下创造性地发明新项目。尽管先发国家占据项目发源的优势，但随着项目的多元化发展，后发国家有针对性地选择项目发展也是其在竞技项目发展过程中的有效经验。

4.4.2.3 不同现代化区域滑雪运动的发展

在现代化进程中，区域间呈现出不同的发展水平。在阿尔卑斯地区，主要表现为国家之间的发展差异，而美国国土辽阔，其区域发展差异决定了滑雪运动的不同发展模式。为测算不同区域的现代化水平，第二次现代化理论将美国分为东北、中西部、南部和西部四大区域。通过代表性地选择经济指标中的劳动生产率、社会指标中的城市化反映美国区域现代化的总体趋势（如图4-2）。

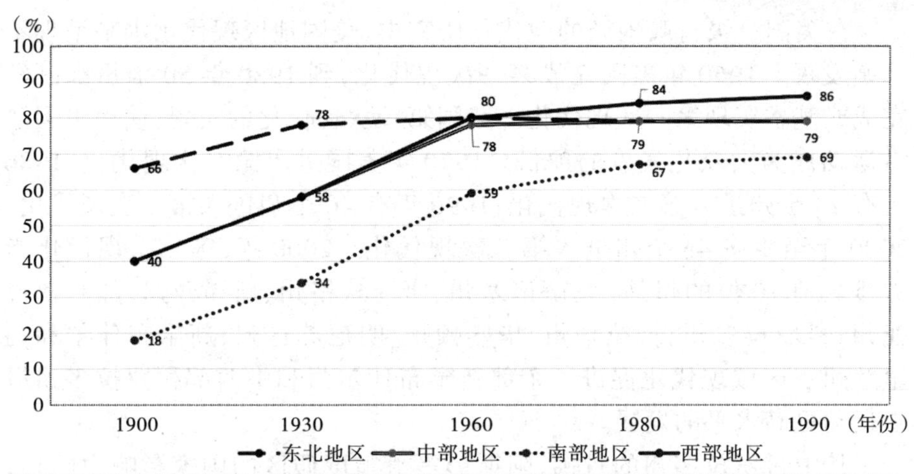

图 4-2 美国四大区域的城市化情况

数据来源:何传启:《中国现代化报告 2004—地区现代化之路》,第 13 页。

通过城市化率进行对比,表明美国四大区域的发展水平不同,发展模式也有差异。20 世纪,东北部是美国的工业中心,其现代化水平也是全国最高。1900 年美国东北部城市化率达到 66%,而南部区域仅为 18%。1900—1930 年,美国区域现代化水平持续升高,东、西部分别达到 78%、58%。这一时期,是美国滑雪运动兴起发展的 30 年,其发展规律与现代化水平基本一致。东北部、中西部成了滑雪运动发展的两大根据地。其中东部最早出现了滑雪组织,在其推动下东部纽约州成功举办了冬奥会。东部相比于西部资源相对匮乏,但却最早在佛蒙特州、新罕布什尔州以及纽约州相继发展起滑雪运动,形成了以阿巴拉契亚山为中心的滑雪运动带。究其根本,滑雪运动仅是服务东部工业发达区域的高消费群体活动。西部滑雪区域的开发突破了滑雪运动的发展区域,在便捷的交通网络中服务于东部的滑雪群体消费。

"二战"后,美国大力开发边疆,吸引人口向西部迁移,促成了西部一些区域的繁荣和发展。为了鼓励人们到西部发展,除了兴建交通等基础设施外,还对工业发展给予优惠。1954 年,丹弗政府制定了很多优惠政策,以吸引全国各地的石油公司前来建厂。此外,政府根据当地气候和环境条件,积极改善设施,为旅游业发展提供条件。1960 年后,美国东北部和中西部差距进一步缩小,东北部城市化率达到 80%,中南部为 78%。这一时期是美国滑雪运动繁荣发展的阶段,也是西部滑雪区域优势逐步凸显,占据主导地位的阶段。

在美国一级行政地区的现代化研究中,美国地区现代化水平呈现不均衡发展。1960年美国完成第一次现代化,到1980年50个州都已经完成或基本实现第一次现代化。美国第一次现代化的实现,使得美国滑雪运动成为大众化发展的项目。1970年美国进入第二次现代化,1980年有23个州进入第二次现代化,1990年有40个州进入第二次现代化,2000年至少有45个州进入第二次现代化。2000年,第二次现代化指数排名前10位的州是:马萨诸塞州、康涅狄格州、新泽西州、加利福尼亚州、科罗拉多州、特拉华州、华盛顿州、明尼苏达州、新罕布什尔和马里兰州。区域现代化促进了东部新罕布什尔州和中西部科罗拉多州滑雪运动更高水平的发展。

其中科罗拉多州的丹佛、阿斯彭等滑雪度假区的国家影响力凸显,形成了多中心的滑雪区域。1965年至1966年的冬天,北美共计662个滑雪场。① 现在四分之一的中西部滑雪场,是在1959年到1964年之间的五年建造中创造的。在20世纪五六十年代,科罗拉多滑雪场的数量随着滑雪者的数量而增加。1957年到1961年间,阿斯彭集团运营的阿斯彭高地、巴特尔米克(Buttermilk)和布雷肯里奇等地开始相继开放。阿斯的斯诺马斯(Snowmass)紧随其后于1967年开业。这些滑雪场经营范围从高档度假胜地,也有针对当地客户的小滑雪场,滑雪场的差异化的规模和发展满足了不同人群的滑雪需要。以科罗拉多州为典型西部市场已经蓄势待发,并呈现出赶超东部地区滑雪场的趋势。大规模的索道建设集中在东北地区,新英格兰地区的滑雪运动非常受欢迎,由于围绕经济发达的城市以及本身大型机械的运营成本,1967年在佛蒙特州8.50美元的电梯票价比Aspen6.50美元高出30%。②

4.4.3 不同滑雪项目的演进与发展

4.4.3.1 滑雪项目组合的变化

(1)项目之间组合变化。

冬奥会雪上项目主要有越野滑雪、跳台滑雪、高山滑雪、自由式滑

① John Fry.The Story of Modern Skiing[M].London: University of New England, 2006.

② Meghan · McCarthy · MC Phaul.A History of Cannon Moutain[M].London: The History Press, 2011.

雪、单板滑雪、北欧两项和冬季两项 7 个大项。项目之间组合主要表现为大项之间的组合,同时也反映了小项之间的差异组合。从 7 个冬奥会雪上项目的发展演进来看,率先兴起的是越野滑雪。传统的越野滑雪项目可视为滑雪项目的发展基础。跳台滑雪最初被划为越野滑雪的小项,直至后期才逐步从越野滑雪中分离出来。高山滑雪是在越野滑雪基础上的创新发展,是从传统的自然场地向休闲娱乐场地发展的需求,也是滑雪运动专业水平不断地提升的表现。从严格意义上讲,高山滑雪运动中最早起源的高山速降,是在借鉴越野滑雪中的小项发展而成的。就雪上项目而言,形成初期以传统项目之间的组合为主,后期则表现为滑雪方式的创新。作为最传统的滑雪项目,以越野滑雪为基础衍生出了北欧两项和冬季两项。越野滑雪最初用于军事作战,一战期间这一滑雪作战方式在欧洲广泛传播。1924 年、1928 年、1936 年、1948 年冬奥会上军事巡逻项目作为表演项目,这一射击滑雪项目后来发展成为冬季两项。

雪上项目受制于地理区域、群体身体素质的影响,各个项目之间呈现出继承发展、组合创新的发展规律。主要可以分为体能类项目、技巧类项目。其中越野滑雪是典型的体能类、耐力型的项目,跳台滑雪、自由式滑雪、单板滑雪则是技能、技巧性较强的项目。雪上项目从单纯的体能类项目向体能、技巧多元组合发展。伴随滑雪项目的传播发展,滑雪项目呈现区域性创新发展。在阿尔卑斯山地区形成高山滑雪,美国则突破了以往传统项目重体能素质的特点,为滑雪运动增加了技巧性和表演性,发展成了自由式滑雪和单板滑雪。在项目演进过程中,越野滑雪是以最初的作战、生存为性质发展而来。在白雪覆盖的森林中穿行作战需要耐力、体力的支持;在向现代社会过渡过程中,邮递员、林业工作人员在野外工作的性质也决定了越野滑雪运动的长距离消耗。相比越野滑雪,高山滑雪运动是传统滑雪向现代运动发展的标志,娱乐性质区别于对体力的要求,更注重强身健体、休闲功能,弱化了对体能的要求。与早期的跳台滑雪相比,弱化了技术性的需求。在休闲时代,对英雄主义崇拜式的跳台滑雪只是一种少数人的极限运动。在高山滑雪运动的大规模发展之后,美国人不满足于平淡的休闲娱乐,再次转向极限性滑雪运动的发展,自由式、单板滑雪应运而生。对雪上运动来说,是从体能和技巧之间不断轮换的过程,其中技巧类项目占多数。

(2)项目与国家组合变化。

具有先发优势的欧美地区,在项目发源区域内不仅占据了世界最优质的冰雪场地资源,同时对传统项目进行创新并主导项目发展趋势。借助其优势条件,项目和国家间组合规律日趋紧密,冰雪竞技格局呈现出两极性和传统性的规律。两极性主要表现为欧美国家在竞技格局中位居前列,传统性则是挪威、德国、美国、奥地利等国家在创始项目中的绝对优势地位。围绕欧洲阿尔卑斯地区和北美的落基山脉地区,奥地利的高山滑雪、跳台滑雪,美国和加拿大的单板滑雪、自由式滑雪项目形成了雪上项目传统优势。[①]

表 4-4 国际雪联世界杯举办地区汇总 1931—1939 年

年份(年)	高山滑雪项目	北欧滑雪项目
1931	米伦,瑞士	奥伯霍夫 ,德国
1932	科蒂娜丹佩佐,意大利	普莱西德湖,美国
1933	因斯布鲁克,奥地利	因斯布鲁克,奥地利
1934	圣莫里茨,瑞士	索莱福特奥,瑞典
1935	米伦,瑞士	Štrbsképleso,斯洛伐克
1936	因斯布鲁克,奥地利	加米施帕滕基兴,德国
1937	霞慕尼,法国	霞慕尼,法国
1938	英格堡,瑞士	英格堡,瑞士
1939	扎克帕内,荷兰	扎克帕内,荷兰

国际赛事推动中的滑雪运动呈现出显著的地域特点(如表 4-4)。在国际雪联早期举办的比赛中,高山滑雪与北欧滑雪的举办都集中在项目的发源地,其中阿尔卑斯地区几乎独占了高山滑雪的举办权。由于北欧滑雪早期在欧美地区的传播,北欧滑雪运动项目在北美、欧洲都有赛事举办经历。对于北欧滑雪而言,除了发源国之外,德国、奥地利因为早期的地缘优势在此项目中也具有强劲的竞争力,是除了北欧国家外潜在的竞争力量。在自由滑雪和单板滑雪运动加入之前,是高山、越野等传统滑雪项目及其衍生项目为主体的冬奥雪上项目发展过程。1980 年自由式滑雪运动加入国际雪联比赛中,10 年后单板滑雪运动加入其中,丰富了滑雪项目的赛事构成。从 1990—2004 年的国际雪联赛事来看(如表 4-5),加拿大和美国占据了新项目的发展主动权,北欧国家的参与情

① 王建龙. 中奥背景下冬奥会世界竞争格局分析 [J]. 吉林体育学院学报,2015,31(6):48-55.

况极少,阿尔卑斯地区国家与北美国家相比稍显弱势。新兴项目的加入改变了世界滑雪运动发展的格局,以日本为代表的亚洲国家多次获得国际大赛的举办权。从新兴项目来看,自由式滑雪与单板滑雪运动使北美国家占据有利优势,但两单项相比仍存在分布上的差异。

自由式滑雪的国际性比赛主要以美国、加拿大两国举办为主,欧洲国家在不同雪季参与其中,举办次数较少。1992 年法国阿尔贝维尔举办了冬奥会,基于国际性的场地依托,后期法国承接了多次的自由式滑雪的举办。在欧洲形成了以法国、奥地利、意大利三国为主的竞争力量。与此同时,亚洲国家在这一项目中脱颖而出,如日本、中国具备了举办国际赛事的能力。单板滑雪在自由式滑雪之后才纳入国际雪联项目,同样是北美国家占据主要优势的项目。但在格局分布中,欧洲的奥地利、德国是与之相抗衡的主要力量,亚洲的日本同样是实力强劲的国家。

表 4-5 国际雪联世界杯举办地区及次数(1995—2004 年)

自由式滑雪 / 单板滑雪											
地区		年份									
		1995	1996	1997	1998	1999	2000	2001	2002	2003	2004
北美	美国	2/2	2/3	3/2	1/0	2/2	2/1	2/1	3/1	3/0	1/1
	加拿大	1/1	2/2	2/3	2/1	2/2	2/2	3/2	2/2	2/2	2/2
阿尔卑斯	瑞士	1/0	1/0	1/1	1/2	1/2	0/2	0/1	0/1	1/2	3/1
	法国	2/1	4/1	2/2	3/3	0/1	0/1	1/2	1/2	2/1	2/1
	奥地利	2/2	2/3	2/2	2/4	1/3	0/2	0/4	0/3	0/5	0/4
	德国	1/1	0/1	0/1	0/1	0/1	0/1	0/2	1/2	/3	0/2
	意大利	1/1	0/3	1/4	1/2	0/3	3/4	0/2	0/1	2/2	3/1
北欧	芬兰	—	—	—	—	—	—	1/1	1/1	1/0	1/1
	瑞典	1/0	—	1/0	1/0	—	1/0	/1	0/1	0/1	0/1
	荷兰	—	—	—	—	—	—	—	—	—	0/1
	挪威	1/0	—	—	—	—	—	—	—	1/0	1/0
亚洲	日本	0/1	0/3	0/3	1/2	2/2	0/2	2/2	2/1	2/1	0/2
	中国	—	—	—	—	—	—	—	—	—	1/0

数据来源:FIS 官网。

欧美国家的冬季项目传统,意味着比其他国家更早建立起冬季项目发展的竞技体系、场地以及技术支持。在一定程度上,传统性促成了两极性的发展,科技的发展加剧了强者更强的局面。世界范围内,阿尔卑斯山谷内的法国的夏莫尼,意大利的科蒂娜丹佩佐,瑞士的圣莫里茨,奥地利的圣安东,加拿大阿尔伯塔州的班夫,美国的太阳谷、普莱西德湖、帕克城等世界级的度假村都具有冬奥会举办的历史,目前也是很多国家备战冬奥会的主要训练场。

4.4.3.2 滑雪项目内容的变化

(1)冬季奥运雪上项目数量变化。

冬奥会基本延续了大项数量稳定,小项增加常态化发展的趋势。1924 年夏莫尼冬奥会设置了 6 个大项、16 个小项,涵盖了冰上项目、雪上项目以及滑行项目类别,奠定了此后冬奥会冰雪项目的发展框架。1948 年前大项、小项基本稳定,自 1956 年开始,小项呈现逐年增加的发展趋势。直至 1998 年,雪橇开始作为大项增加至奥运项目,大项总数增加至 7 个(图 4-3)。

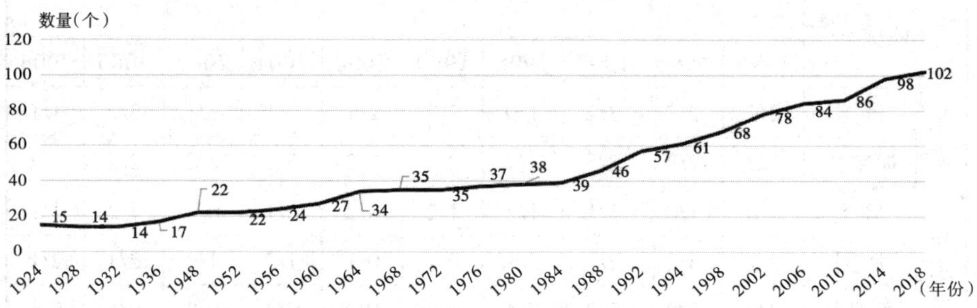

图 4-3 冬季奥运项目数量变化情况

冬奥会雪上项目的数量随项目发展演进逐步增加,以越野滑雪、高山滑雪等传统项目为主导的雪山项目发展始终保持了较缓慢的增长速度。1992 年之前,每届冬奥会雪上项目增加数量不超过 10 个,分项数量不超过 3 个。在自由式滑雪运动加入之后,冬奥雪上项目数量迅速增加,扩充了原有的项目类型。其中越野滑雪和高山滑雪这两个传统大项的数量最多,跳台滑雪和北欧两项的数量始终都比较单一。自由式滑雪与单板滑雪在项目兴起之后小项数量迅速增加,到 2014 年索契冬奥会小项数量与传统大项的小项数量差距不大(见表 4-6)。

表 4-6 冬奥雪上项目数量汇总

	1924	1928	1932	1936	1948	1952	1956	1960	1964	1968	1972	1976	1980	1984	1988	1992	1994	1998	2002	2006	2010	2014	2018
分项	1届	2届	3届	4届	5届	6届	7届	8届	9届	10届	11届	12届	13届	14届	15届	16届	17届	18届	19届	20届	21届	22届	23届
自由式滑雪	0	0	0	0	0	0	0	0	0	0	0	0	0	0	0	2	4	4	4	4	6	10	10
单板滑雪	0	0	0	0	0	0	0	0	0	0	0	0	0	0	0	0	0	4	4	6	6	10	10
高山滑雪	0	0	0	2	6	6	6	6	6	6	6	6	6	6	10	10	10	10	10	10	10	10	11
越野滑雪	2	2	2	3	3	4	6	6	7	7	7	7	7	8	8	10	10	10	12	12	12	12	12
跳台滑雪	1	1	1	1	1	1	1	1	2	2	2	2	2	2	3	3	3	3	3	3	3	4	4
北欧两项	1	1	1	1	1	1	1	1	1	1	1	1	1	1	2	2	2	2	3	3	3	3	3
冬季两项	0	0	0	0	0	0	0	1	1	2	2	2	3	3	3	6	6	6	8	10	10	11	11
总数	15	14	14	17	22	22	24	27	34	35	35	37	38	39	46	57	61	68	78	84	86	98	102

（2）冬季奥运雪上项目类别变化。

项目类别主要反映了“雪重冰轻”的总体特征。在冬奥会发展初期，遵循了冰上项目早于雪上项目发展的特点，1948 年圣莫里茨冬奥会之前都保持了冰上项目数量多于雪上项目的传统。随着二战之后滑雪项目在北美的发展，滑雪项目开始反超，并在 1992 年后随着自由式滑雪、单板滑雪等项目的加入与冰上项目拉开巨大差距（见图 4-4）。

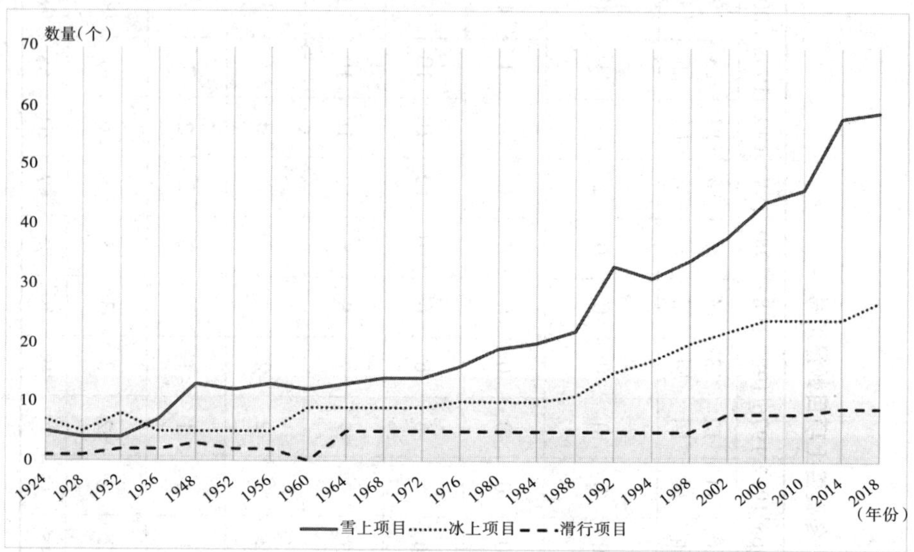

图 4-4　冬季奥运项目类别变化情况

当前，冬奥会项目从注重体能和技巧的传统项目逐渐向轻体的新项目发展。15 个分项中，5 个传统雪上项目以及以冰球、速度滑冰为代表的冰上项目体能要求较高，而自由式滑雪、单板滑雪、短道速滑项目等新项目强化了技巧要求。自由式滑雪、单板滑雪等项目通过难度系数、完成程度等方面进行评定，打破了靠体能和速度比拼的项目格局。新兴冰雪项目逐渐增多，4 个新增分项下设 30 个小项，占小项总数的 30%。

冬奥跳台滑雪项目是自冬奥会举办就设置的比赛项目。自 1924 年霞慕尼冬奥会开始，跳台滑雪项目主要有标准台、大跳台项目，其中标准台分为 70 米、90 米、120 米。从 1994 年利勒哈默尔冬奥会开始，随着滑雪运动专业性的提升、滑雪技术的提高，70 米、90 米项目逐步被 120 米代替。

越野滑雪与跳台滑雪都是最早进入冬奥会的项目，越野滑雪也是小项类别较多的项目。在小项设置方面主要有 5 千米、10 千米、15 千米、

18 千米、20 千米、30 千米、50 千米等不同距离项目，除此之外，还设有接力、追逐项目的个人赛和团体赛。

高山滑雪运动兴起较早，却始终未能纳入冬奥会项目设置，直至 1936 年才进入冬奥会。项目类别主要有全能、速降、回转、大回转、超级大回转。其中全能项目于 1952 年取消，直至 1988 年才重新恢复该项设置。1952 年超级大回转也同时取消了设置，于 1988 年再次进入冬奥会项目设置中。

北欧两项、冬季两项是与越野滑雪运动密切相关的运动项目，其中北欧两项在 1924 年就已纳入冬奥会项目。北欧两项主要由越野滑雪和跳台滑雪组成，其下设的项目也比较单一。冬季两项是以越野滑雪和射击项目为组合内容，设置 15 千米、20 千米、冲刺、接力以及追逐赛。

自由式滑雪和单板滑雪是最晚加入冬奥会的分项，自由式与单板滑雪之间相差 10 年。自由式滑雪与单板滑雪项目从项目类型来看比较类似，其中坡面技巧、U 型场地技巧、雪地越野等项目是相同的设置情况，可以说是不同规则下不同滑雪技术的展示过程。

4.4.4 冬季奥运雪上男女项目比例变化

“二战”之后，国际奥委会一直扶持女子项目的发展。1948—1998 年雪上项目、冰上项目、滑行项目女子项目发展速度不一，1948 年只实现了雪上女子项目的增加，冰上、滑行女子项目直到 1960 年前后才增加。1988 年、2002 年随着自由式滑雪、单板滑雪、雪橇等项目的加入，男女单项同时加入，达到了冬季项目增加的高峰，缩小了男女项目之间的差距。1924—2014 年，男子小项从 13 个增加至 49 个，女子小项从 1 个增加至 43 个，女子单项相当于 1988 年卡尔加里冬奥会的所有小项之和。其中冰上、滑行类项目男女基本持平，女子冰上项目占据总奖牌数的 13%，女子滑行类项目占据总奖牌数的 3%；雪上项目男女相差 5 个小项，女子雪上项目占据项目总数的 27.5%。但从项目总数来看依旧是男子项目多于女子项目数量（见表 4–7）。

表 4-7　1924—2014 年男女项情况汇总

	1924	1928	1932	1936	1948	1952	1956	1960	1964	1968	1972	1976	1980	1984	1988	1992	1994	1998	2002	2006	2010	2014
滑行(男)	1	2	2	2	3	2	2	0	3	3	3	3	3	3	3	3	3	3	4	4	4	4
滑行(女)	0	0	0	0	0	0	0	0	1	1	1	1	1	1	1	1	1	1	3	3	3	3
冰上(男)	8	6	6	6	6	6	6	6	6	6	6	7	7	7	7	9	10	11	12	13	13	13
冰上(女)	1	1	1	1	1	1	1	5	5	5	5	5	5	5	6	8	9	11	12	13	13	13
雪上(男)	4	4	4	6	8	8	9	10	11	12	12	12	13	13	17	19	20	22	25	27	28	32
雪上(女)	0	0	0	1	3	4	5	5	6	6	6	6	6	7	9	14	15	17	19	21	22	27
男总数	13	12	12	14	17	16	17	16	20	21	21	22	23	23	27	31	33	36	41	44	45	49
女总数	1	1	1	2	4	5	6	10	12	12	12	12	12	13	16	23	25	29	34	37	38	43
总计	15	14	14	17	22	22	24	27	34	35	35	37	38	39	46	57	61	68	78	84	86	98

数据来源：根据 www.olympic.org 数据整理。

总体而言，男子项目数量一直多于女子项目，如跳台滑雪、北欧两项、冬季两项等项目的女子项目设置有限，其中北欧滑雪只设置了男子项目。后发项目对男女项目设置较为统一，同时间引入男女单项。

4.4.5 现代化进程中我国滑雪运动的发展

4.4.5.1 我国滑雪运动在东北资源优势区域的兴起

依据第二次现代化理论的评估，我国 34 个省市、地区全部进入第一次现代化的行列，其中北京、上海、天津完全实现第一次现代化。从世界现代化的进程来看，我国现代化与欧美国家第一次现代化实现时间相差甚远。尽管如此，我国具有悠久的冬季项目历史，据记载，新疆的阿勒泰地区是滑雪运动的起源地，人们用毛皮做的雪板是最为传统的冬季交通工具。滑雪运动在资源优势地区的发展与欧美国家保持一致。

由于我国现代化实现时间较晚，我国对于滑雪运动的普及和推广也相对较晚。在冬奥会蓬勃发展之际，我国以竞技项目优先发展带动滑雪运动的发展。新中国成立以来，全国冬季运动会将分散的冬季资源进行整合，西北和东北依托自然的先发优势，成为全国冬运会的主要举办地并逐步确立起东北地区的主导地位。由自然条件主导的吉林、黑龙江两省在参赛人数、奖牌数量占据统治性地位（见表 4-8）。而新疆地处北部边疆，多年来一直承担部分雪上项目的举办工作，相比东北地区的发展相对滞后。直到第 13 届冬运会，冬季项目发展实践了地域上“北冰南展西扩”的发展理念，新疆的冰雪资源获得再次繁荣的契机。围绕天山山脉，修建起丝绸之路雪场、天山天池滑雪场等国际水平的滑雪场地，西北地区已经成为滑雪运动潜在发展区域。

表 4-8 全国冬运会举办情况

届次	举办地	参加人数
1	吉林、黑龙江	224
2	停办	停办
3	黑龙江	975
4	黑龙江、新疆、北京	593
5	黑龙江	607

续表

届次	举办地	参加人数
6	吉林	575
7	黑龙江	691
8	吉林	664
9	吉林	1168
10	黑龙江	846
11	黑龙江	超过 1000
12	吉林	1067
13	新疆	1388

尽管我国资源优势的地区缺乏欧美国家的现代化水平,但却可以借助现代化成果快速发展。除了赛事举办之外,东北三省在滑雪运动发展过程中以欧美国家的先进案例作为典型实现发展。1980 年左右,我国开始相继修建大规模的滑雪度假区,这一时间与我国省市现代化进程时间基本一致。例如,黑龙江省以瑞士瓦莱州作为效仿对象,修建了亚布力滑雪度假村。亚布力滑雪度假村是竞技赛场与大众滑雪相互结合的模式,是我国从竞技项目带动大众滑雪普及的特色。亚布力滑雪度假村地处大兴安岭,森林环绕,1993 年林业局通过了对于滑雪度假区扩建的批复。这与北美国家森林公园的发展过程极为相似,其发展必将长期受制于林务部门的限制。在现代化的进程中,生态化将会逐步置于更高的发展水平。同是我国冬运会举办地的吉林松花湖也在 20 世纪 80 年代实现了扩建。松花湖滑雪场作为训练场、比赛场地,在扩建过程也逐步与世界接轨。松花湖借鉴多国经验推动训练场地向大众滑雪市场推广,不仅引入了日本王子酒店,同时还在滑雪场设计方面以美国科罗拉多州的阿斯彭为蓝本,打造世界级的消费体验。

我国滑雪运动在东北地区的发展,不仅是我国现代化水平的体现,也是在第二次现代化背景下经济全球化对我国滑雪市场的惠及。从现代化的发展路径来看,现代化可以通过第一次现代化、第二次现代化逐步实现,可以根据不同国家情况选择不同阶段的要素谋求发展。滑雪运动的发展与现代化的发展思路基本一致,后发国家在发展过程中可以选择一个或是多个国家的经验进行综合性的学习,也可以根据不同发展阶段选择性地借鉴不同阶段的发展方式。从我国整个的滑雪运动发展来看，黑龙江、吉林是我国滑雪运动先发的地区，是最早接受外国先进成果的地区，不仅体现在设计开发，造雪机、压雪机、拖牵等升降设备的逐步引入，还体现在缩短了我国滑雪运动的发展周期。同时，东北地区滑雪场已经开始呈现出发达国家市场协同化的趋势，如亚布力“三山联网”的一卡通票的形式，是地区性滑雪运动参与程度高、市场发展程度高的表现，再如，万科松花湖突破性地走出东北，开始向华北区域拓展市场。在资本投入过程中，以松花湖为模式的北京万科石京龙可以说是其发展的复制。总体而言，滑雪运动的发展是后发地区不断追逐先发地区的过程。从我国来看是资源优势地区向发达地区学习的过程，也是资源优势地区向经济优势地区实现扩展的过程。尽管我国以竞技发展带动大众滑雪运动的发展，但是先进的成果足以让我国滑雪运动发展有更多的捷径可走。

4.4.5.2 京津冀现代化中心区域带动滑雪运动新起点

2015 年，我国取得了冬奥会举办权。2022 年北京冬奥会的成功申办，激发了人们对于冬季项目尤其是滑雪运动的热情。滑雪运动开始成为北京、上海、广州等经济发达的非冰雪传统地区大众冬季休闲的重要选择。2016 年，京津冀地区的滑雪场数以及滑雪人数开始超越黑龙江、吉林等传统冰雪地区，越来越多的人选择在冬季尝试并体验滑雪运动带来的乐趣，京津冀地区逐步成为滑雪市场新的领军力量。

表 4-9　2015 年、2016 年滑雪场及滑雪人数排行

排名	省份	2015 年		2016 年	
		滑雪场数量	滑雪人数（万）	滑雪场数量	滑雪人数（万）
1	北京	23	169	24	171
2	黑龙江	120	149	122	158
3	河北	40	85	46	122
4	吉林	37	96	38	118
5	新疆	52	77	57	99
6	山东	51	85	58	98
7	山西	32	72	42	96
8	河南	33	58	41	82

续表

排名	省份	2015 年		2016 年	
		滑雪场数量	滑雪人数(万)	滑雪场数量	滑雪人数(万)
9	浙江	17	70	18	79
10	内蒙古	26	59	33	76

随着我国居民收入的增长,旅游滑雪已经成为我国少数人群冬季热衷的休闲项目。欧洲的瑞士、奥地利以及亚洲的日本等境外雪场成了滑雪爱好者的旅游首选。2015—2016 年雪季,我国滑雪爱好者选择欧洲滑雪旅游的占据滑雪旅游总数的 23%,其次是选择北美地区的占据了 19%,而日本凭借地理优势、雪质环境以及符合中国文化的服务体验成了我国滑雪爱好者最喜爱的度假地,占据出境滑雪旅游总数的 48%。相较于滑雪产业较为成熟的欧洲,我国的滑雪场、滑雪度假村数量、滑雪人口数量等方面仍有不足。2015—2016 年雪季,我国的滑雪人口达 1133 万,仅占据我国人口总数 0.8% 左右,滑雪运动在我国仍是少数人参与的高端体育活动。

表 4-10　欧洲国家与我国滑雪场规模比较

类别	中国	奥地利	法国	瑞士
雪场数量	279	254	325	194
缆车索道数量	—	14	13	6
人口数(百万)	1350	8	66	8
旅游游客(百万)	14.4	52	56	25

注:数据来源于 Laurent Vanat <2015 International Report on Snow & Mountain Toursim>。

北京和张家口所处的华北地区,以 2022 年冬奥会契机实现了滑雪运动地域上的突破。走出东北地区的冬季项目,逐步弱化了地理条件的要求,向经济、科技发达地区倾斜。其实质上是现代化地区引入先发成果的体现。北京和张家口的合作是地理区域上冰与雪的优势结合,在项目开展上是经济保障与自然条件的资源互补。在科技和经济实力的保障下,北京担负起滑行中心、冰壶馆等高标准场馆的设计和建设工作,弥补了我国滑行项目在冬运会项目的空白,推动我国冬运会项目设置与奥运项目接轨。自 2013 年,北京面向世界逐步提升冬季项目的水平，相继承办了单板、自由式滑雪、花样滑冰以及冰壶等项目的世界级赛事，拓展了华北地区冬季项目的发展内容。以雪上资源为导向的崇礼，是生态发展对科技发展模式的补充。在北京、天津等发达省市的辐射支持下，崇礼是北京冬季资源在地域上的延伸，同时也是城市发展与自然发展的平衡。借助冬奥会契机，崇礼将已有崇礼滑雪节一步步做大做强、提升办赛经验，相继承办了高山滑雪积分赛、远东杯赛、自由式滑雪雪上技巧、空中技巧世界杯和单板滑雪世界杯赛等滑雪赛事。此外，崇礼的云顶滑雪场等奥运场地已经成为我国滑雪运动项目国家队冬季训练的主要基地。

成功申办冬奥会以来，我国华北区地位逐步与西北和东北地区并驾齐驱。三大区域雪期长短、雪质条件、基础设施以及科技实力等方面各具优势，而将我国优势项目与地域合理布局是项目发展的最优途径。长期以来，东北和西北是我国冬季项目训练的主要基地，而华北地区一些项目仍然处于筹备积累的阶段。由于冬季项目的自然特征，参照雪期长短最大限度地争取训练时间是我国冬季项目训练的主要依据。我国冬奥会项目的选择多属于新兴项目，但项目实力各有不同，列入冬奥会的时间也有先后之别。从项目与地域分布来看，夺金优势项目由于发展时间较长，其训练场地多集中于东北和西北地区；单板滑雪的 U 型场地以及雪车项目的训练基地逐步向华北地区转移。同时，华北地区相继承办了多项国际赛事，冬季项目训练已经从东北、西北逐步转移至华北地区寻求科技支撑和主场优势。三大区域在奥运周期内形成三方联动，在自然条件上和科技支撑上形成优势互补，推动我国滑雪运动发展的新格局。

表 4-11　重点突破冰雪项目与依托雪场的情况

项目类型	重点突破项目	雪场	地区
自由式滑雪	空中技巧	云顶滑雪场 北大壶滑雪场、松花湖滑雪场、长白山滑雪场	河北 吉林
		亚布力滑雪度假村、帽儿山滑雪场	黑龙江
		白清寨滑雪场、莲花山雪场	辽宁
		阿尔山滑雪场、扎兰屯滑雪场、牙克石滑雪场	内蒙古

续表

项目类型	重点突破项目	雪场	地区
	雪上技巧	天山滑雪场 松花湖滑雪场、北大湖滑雪场 加格达奇映山红滑雪场	新疆 吉林 黑龙江
		太舞滑雪场	河北
单板滑雪	U 型技巧	帽儿山滑雪场 北大湖滑雪场	黑龙江 吉林
		云顶雪场	河北崇礼

从滑雪运动的兴起和发展来看,我国滑雪运动从参与群体上来看仍是属于欧美国家的萌生和兴起阶段,以少部分人的参与为主。但在借助发达国家成果基础上,我国的设施、装备以及市场是与国家化水平接轨的。在国家大力支持下,我们实践了集中办赛的经验,而冬奥会则是我国现代化实力和推广滑雪运动的新起点。在此背景下,我国政府应积极担负起引导滑雪运动从少数人向多数人传播的重要使命,带动"三亿人上冰雪"。基于欧洲早期滑雪运动的发展规律,滑雪运动从少数人向多数人发展是必经过程,而政府的角色是重中之重。首先,可以尝试将滑雪课程纳入学校冬季体育课程体系中,教授学生滑雪技能以及相关的滑雪知识。可以采用政府牵头的方式,为地方院校与当地雪场建立合作机制,由政府买单或承担部分的门票和滑雪装备费用,旨在降低滑雪运动的消费门槛。其次,我国开始兴建多家滑雪场,政府应该积极鼓励滑雪场的差异化经营,满足高、中、低档不同群体的消费需求以及滑雪体验。最后,我国的优质雪上资源集中在东北和新疆地区,对现有的优质滑雪资源应该进行更加精细的开发,留住出境旅游滑雪的资深滑雪爱好者。同时积极推动交通设施与滑雪人口"西扩"的目标,调动西部地区大众对滑雪热情。

4.4.6 小结

滑雪运动发展经历了从欧洲兴起到北美发展的过程。这一过程中,滑雪运动逐步实现了大众化、滑雪项目多元化、滑雪市场层次化。但是不同区域都呈现出继承和发展的过程,是在外来经验基础上,结合区域特点发展的结果。欧洲国家是最早接触到挪威滑雪运动的地区,借助先进的工业化成果实现了项目的创新,在挪威滑雪基础上创造了高山滑雪,也在接受滑雪运动过程中形成了滑雪旅游的参与形式。滑雪运动在欧洲范围逐步扩大的基础上,“二战”前以欧洲为中心举办了 4 届冬奥会。从滑雪人群、滑雪项目、滑雪市场以及滑雪赛事以欧洲为中心发展起来。

美国是借鉴欧洲滑雪运动的典型,滑雪运动在美国大陆兴起便效仿欧洲的发展过程。在借鉴欧洲的基础上,美国成功地将滑雪运动开展起来,其中又融入了美国的发展方式。以公园滑雪休闲为主,以度假滑雪旅游的模式为辅同步发展,“二战”后滑雪运动得益于美国滑雪市场的发展,呈现出大繁荣。滑雪项目的创造是基于滑雪运动的普及,自 20 世纪 70 年代开始,美国结合本土文化相继发展了自由式滑雪和单板滑雪,最终被选为冬奥会项目,而滑雪运动也从欧洲中心逐步向北美转移。

滑雪运动的发展规律,是地域和社会发展共同促进的结果。我国滑雪运动也呈现出从资源优势为中心的东北、西北地区,开始向华北地区转移的趋势,这是与滑雪运动的发展轨迹相吻合。在冬奥会筹办和举办之际,以经济优势为中心的华北地区的滑雪运动发展迅猛,已经成了我国滑雪运动的新领军地带。借助这一发展契机,我国的滑雪运动已经形成了多区域联动的效果,滑雪运动在我国蓬勃发展起来,其趋势势必是在更多群体的参与下推向新的发展阶段。

5　结论与建议

5.1　结　论

（1）现代化进程与滑雪运动发展存在一定相关性，不同发展阶段、不同国家、不同区域现代化水平影响了滑雪运动的发展过程。第一次现代化进程中，基本实现了滑雪组织、滑雪场地和国际滑雪赛事等内容的发展。随着现代化的深入，滑雪运动发展水平逐步提升。其中，在第一次现代化成熟发展期，国家基本具备了冬奥会等国际赛事的办赛能力。在第二次现代化发展中，滑雪运动被视为第一阶段的高水平发展，表现为参与群体的大众化、市场的扩大、国际赛事举办能力增强等特征。

（2）现代化国家之间的引领和赶超，影响了滑雪运动在资源地区的先发和后发。同时，先发国家为后发国家滑雪运动发展提供经验支持。由于国家现代化发展路径差异，滑雪运动发展模式各不相同。欧洲引领了滑雪运动的发展，而美国在追赶英国现代化的同时加速发展滑雪运动。美国不同于欧洲的现代化路径补充了滑雪运动发展的内容，增加了城市周边的短途滑雪体验。美国通过技术引进、人才引进模仿了欧洲滑雪旅游发展模式，同时借助冬奥会的契机缩短了滑雪运动的发展周期。

（3）区域现代化水平决定了资源区域的先发和后发的可能性，也决定了滑雪运发展速度和规模。以美国为代表的区域现代化发展过程中，东北部现代化中心最早实现了滑雪运动的兴起，而西南部资源区域因现代化水平滞后于东部地区发展而有所落后。到现代化水平较接近时，资源区域可能超越现代化领先区域实现更大规模的发展。

5.2 建 议

（1）滑雪运动的发展是国家和地区滑雪运动发展的过程。借鉴先进国家的经验，是后发国家缩短发展时间，实现跨越式发展的捷径。其中，以国家导向下举办冬奥会，是普莱西德湖、班夫等滑雪度假区迅速发展的重要途径。我国应该积极学习他们的办赛经验和丰富的市场经验，推动我国滑雪事业进一步发展。

（2）滑雪运动是工业化和城市化的结果。其发展需要借助公共交通将人们运送至滑雪地点，也需要具有消费能力的阶层积极参与。在滑雪运动发展过程中，修建铁路、公路是滑雪运动发展最初级设施的建设。在发展滑雪运动时，应该更加注重公共交通网络的修建，打通滑雪区域与城市之间的交通网络。同时，向特定的群体进行推广和培育，使他们能够成为滑雪运动和参与的引领者。

（3）滑雪运动的发展离不开科技的辅助。科技化成果的涌现，帮助人们改进了滑雪装备和设施。尽管对先发国家而言是长时间发展的过程，但是后发国家则可以直接利用先进成果缩短发展时间。滑雪市场可以根据自身定位，选择先进的装备设备，服务滑雪市场发展。

（4）滑雪运动市场兴起和发展是从零星发展向大范围繁荣发展的过程，是以一个中心区域逐步向外辐射发展。滑雪场之间的联合、贯通发展是滑雪场发展的必然趋势。以雪票、缆车票等形式连接区域间的滑雪市场，为滑雪者提供层次化的服务。对于我国而言，滑雪市场相较欧美国家还处于起步阶段，但是一些区域滑雪场已经呈现规模，也具有了联合其他滑雪场的现象。对此，通过企业之间的联合发展，提供联通的雪票、缆车票等方面的服务，是带动区域滑雪发展的重要途径。

（5）滑雪运动是在雪资源优势地区不断发展的产物，其发展范围不断更新，从最初斯堪的纳维亚半岛向欧洲发展，再从欧洲为中心向北美推进，其重心的转移是滑雪运动发展程度的表现。我国并非雪上资源优势地区，但是亚洲地区的日本、韩国等地都相继举办冬奥会，证明了雪资源已经不是决定滑雪运动发展的决定优势，后发国家通过技术弥补资源缺陷已经成为可能。而随着项目发展呈现多元化，为后发国家的竞技项目发展提供了机会,我国的自由式、单板滑雪等项目已在冬奥会等赛事中取得优异成绩,继续发展技巧类项目是我国滑雪竞技项目在新奥运周期的发展重点。

主要参考文献

[1]Meghan · McCarthy · MC Phaul.A History of Cannon Moutain[M]. London: The History Press,2011.

[2] E.Joh B.Allen.Historical Dictionary of Skiing[M]. UK : The Scarecrow Press,2012.

[3]Roland Huntford. Two Planks and a Passion-The Dramatic History of Skiing[M]. MPG Books Ltd, Cornwall, Great Britain,2008.

[4]J.Nadine Gelberg.History of Sport Technology: Policy Strategies to Balance Challenge, Traditon, and Invovation[D].The Pennsylvania State University,1997.

[5] E.Joh B.Allen.Images of America New England Skiing[M].San Francisco CA: Arcadia Publishing,1997.

[6]Andrew Dening.Skiing into Modernity: A Culture and Evironmental History[M].University of California Press,2013.

[7] E.Joh B.Allen.The Culture and Sport of Skiing: From Antiqutiy to World War II[M]. University of massachusetts press Amherst,2007.

[8]John Fry.The Story of Modern Skiing[M].London: University of New England,2006.

[9]Andrew Denning. "From Sublime Landscapes to 'white gold': How Skiing Transformed the Alps after 1930" [J].Environment History 19 (January 2014): 78-108.

[10] Dylan Jim Esson.Selling the Alpine frontier: The Development of Winter Resorts, Sports, and Tourism in Europe and America,1865-1941[D].University of California,2011.

[11] Sébastien Stumpp.Alsatian Ski Clubs Between 1896 and 1914: An Exploratory Evaluation of the Role of Employees in the

German 'Sportization' of Skiing. The International Journal of the History of Sport[J]. Vol. 27, March 2010, 658 - 674.

[12] Yves Morales. Skiing Before 1914 in France: A Means of Diffusing National Identity[J].The International Journal of the History of Sport. Vol. 30, mar 2013, 634 - 646.

[13] Rudolf Müllner.The Importance of Skiing in Austria.The International Journal of the History of Sport[J]. Vol. 30, Mar 2013, 659 - 673.

[14]Andreas Brugger.The Influence of Politics on the Development of Turnen Mountaineering and Skiing in West Austria[J].The International Journal of the History of Sport.

[15] Andrew Denning.Alpine Modern: Central European Skiing and the Vernacularization of Cultural Modernism, 1900–1939[J].Central European History 46 (2014), 850–890.

[16] Jonathan David Anzalone.Creating a Modern Wilderness Playground: The Transformation of the Adirondack State Park, 1920–1980[D]. Stony Brook University, 2012.

[17] Michael W. Childers.Fire on the Mountain: Growth and Conflict in Colorado Ski Country[D]. University of Nevada, Las Vegas, 2010.

[18]Anne Gilbert Coleman.Culture, Landscape , and The Marking of the Colorado Ski Industry[D].University of Colorado, 1992.

[19]David Glen Edward Waldron.An Environmental Sustianablity Strategy for Tourism Communities, The Case Study of Whistler.BC[D]. Simon Fraser University, 2000.

[20]David Laing.Developing Afforable Resort Resident Housing in Ski Resorts–Muncipal Programs and Policies for Whistler, British Columbia[D].University of Manitioba.1998.

[21]Darwin Glen Horning.Moutian Communities At Risk: A Case Study of Gateway Community Growth Management and Resort Development[D].B.Sc.DeVry University, 1988.

[22]Jenny Clayton.Making Receational Space: Citizen Involvement in Outdoor Recreation and Park Establishment in British Columbia, 1900–2000[D].M.A.University of New Brunswike, 2001.

[23] David Michael Reynolds.Vulnerability Assessment of Ski-Development Business to the Effects of Climate Change in Banff and Jasper Naitonal Parks, Canada[D].University of Calgary, 2010.

[24]Enward Duck Richey.Living it up in Aspen: Post-War Amercia, Ski Town Culture, and the New Western Dream ,1945-1975[D].Univiersity of Montana, 1998.

[25]David Robert Witte. World War Ⅱ In The Rockies: The Construction of Camp Hale, Colorado[D].University of Arkansas at Little Rock, 2010.

[26] Ski Resorts in Europea 2010/2011: A Survey in 20 Country.

[27] Wayne Wilson.Social Discontent and the Growth of Wilderness Sport in Amercia: 1965-1974[J].

[28] Megan Katherine Prins.Winters in America: Cities and Environment, 1870-1930[D]. University of Arizona, 2015.

[29] Gail Small Ferrell.Winter Recreation Management of Western United States Public Land: Ethics, Evolution and Choices[D]. University of Nevada, 2013.

[30]Preserving a Spirit of Place: U.S. Highway 93 on the Flathead Indian Reservation[J]. A Time for Action, 2011.

[31]Jennifer A. Brown.How the Winter Olympics Enrich Community Legacies for Recreational Open Space: A Case Study of Selected European and Amercian Olympic Sites[D].Utah State University, 2003.

[32] Charles W. Avery.A Strategy For Development a Ministry to and with Snowbird Destin United Mehtodist Church[D]. School of Theology, Fuller Theological Seminary, 1997.

[33] Anne-Mette Hjalager.100 Innvations that Transformed Tourism[J].Journal of Travel Research, 2015 (54): 3-21.

[34]Maintainning the Traditions of British Sport? The Private Sports Club in the Twentith Century[J].The International Journal of the History of Sport, 2013 (30): 1655-1666.

[35] Jack Williams.Sport and the Military: The Birtish Armed Forces 1880-1960[J].The International Journal of the History Sport, 2012 (21): 1634-1636.

[36]Andrew Stephan Denning.Schuss! Skiing, the Alps, and the Invention of Alpine Modernity,1880–1990[D].University of California, 2011.

[37]http://www.fis–ski.com/inside–fis/about/fis–history/history/index.html.

[38]https://www.olympic.org/chamonix–1924.

[39]IOC.Research and Reference Service /Olympic Studies Centre.

[40] Pearl Ann Reichwein and Karen Fox Margart .Fleming and the Alpine Club of Canda: A Woman' s Place in Mountian Leisure and Literature,1932–1952[J]. Journal of Canadian Studies,2011 (3): 35–60.

[41] Nicola Bullock.Methods for Tracking Athletes' s Competitive Performance in Skeleton[J]. Journal of Sports Sciences,2009,27 (9): 937 - 940.

[42] Jonathon Turnbull. Strength and Conditioning Considerations for Elite Snowboard Halfpipe[J]. The Open Sports Medicine Journal, 2011, 5 1–11.

[43] Richard D. Gordin. Reflections on the Psychological Preparation of the USA Ski and Snowboard Team for the Vancouver 2010 Olympic Games[J]. Journal of Sport Psychology in Action, 2012,3: 88 - 97.

[44] Tim Mosey.Using Common Methods for Uncommon Sports—The Unusual Winter Sport of Skeleton[J]. Journal of Australian Strength and Conditioning, 2016,24 (3): 91–107.

[45]John Tuppen.The Restructuring of Winter Sports Resorts in the French Alps: Problems, Processes and Policies[J]. International Journal of Tourism Research,2000,237–344.

[46]Peter Engel.The DisCursive Construciton of National Identity through the Swiss Magazine Ski Before Word War Ⅰ [J]The International Journal of the History of Sport,2013.

[47]Stephen Essex & Brian Chalkley.Meag–sporting Events in Urban and Regional Policy: A Histroy of the Winer Olympics[J].Planning Perspectives,2007.

[48] Paolo Angelini.Data and Elaboration on the Italian Alpine and Pre–Alpine Ski Station, Ski Facilities and Artifical Snowmaking[D].

Italian Ministry for Environment ,2005.

[49] Annette R. Hofmann.Bring the Alps to the City: Early Indoor Winter Sports Events in the Modern City of the Twentieth Centry. The International Journal of the History of Sport[J].2010: 2050–2065.

[50] Anja Soboll and Alexander Dingeldey .The Future Impact of Climate Change on Alpine Winter Tourism: A High–Resolution Simulation System in German and Alps[J]. Journal of Sustainable Tourism,2012: 101–120.

[51] 单兆鉴 . 中国 · 阿勒泰国际古老滑雪文化论坛报告 [M]. 北京：光明日报出版社,2015.

[52] 徐文东,朱志强 . 中国滑雪运动史 [M]. 北京：人民体育出版社,2006.

[53] 滕海健 . 美国历史上资源保护与荒野运动(高教版)[M]. 中国社会科学出版社,2007.

[54] 全球通史：从史前史到 21 世纪 [M]. 北京：北京大学出版社,2006,511.

[55] 斯蒂芬 · 布劳德伯利 . 剑桥现代欧洲经济史：1870 至今 [M]. 北京：人民大学出版社,2015.

[56] 王育伊 . 美国经济生活史 [M]. 上海：上海社会科学院出版社,2016.

[57] 卡罗尔 · 帕克,克里斯托弗 · 米勒 . 美国史(上)[M]. 北京：东方出版中心,2010.

[58] 卡罗尔 · 帕克,克里斯托弗 · 米勒 . 美国史(中)[M]. 北京：东方出版中心,2010.

[59] 卡罗尔 · 帕克,克里斯托弗 · 米勒 . 美国史(下)[M]. 北京：东方出版中心,2010.

[60] 詹姆斯 · 柯比 · 马丁,兰迪 · 罗伯茨 . 美国史(上册)[M] 北京：商务印书馆,2012.

[61] 詹姆斯 · 柯比 · 马丁,兰迪 · 罗伯茨 . 美国史(中册)[M] 北京：商务印书馆,2012.

[62] 詹姆斯 · 柯比 · 马丁,兰迪 · 罗伯茨 . 美国史(下册)[M] 北京：商务印书馆,2012.

[63] 乔纳森·休斯(著),邸晓燕(译). 美国经济史 [M]. 北京：北京大学出版社,2007.

[64] 何顺果. 美国历史五十五讲(第二版)[M]. 北京：北京大学出版社,2015.

[65] 威廉·麦克尼尔(著),施诚(译). 世界史(第 4 版)[M]. 北京：中信出版社,1999.

[66]J.M. 罗伯茨(著),李腾(译). 欧洲史 [M]. 北京：东方出版社,2015.

[67] 王仁周. 冬季奥林匹克运动(1924–2002)[M]. 北京：人民体育出版社,2005.

[68] 李乐山. 工业社会学 [M]. 西安：西安交通大学出版社,2017.

[69] 法国旅游发展署(编著). 山地旅游与休闲运动开发 [M]. 四川：四川科学技术出版社,2015

[70] 钱乘旦. 世界现代化历程(北美卷)[M]. 苏州：苏州人民出版社,2010.

[71] 钱乘旦. 世界现代化历程(西欧卷)[M]. 苏州：苏州人民出版社,2010.

[72] 钱乘旦. 世界现代化历程(总卷)[M]. 苏州：苏州人民出版社,2010.

[73]塔尔科特·帕森斯,尼尔瑟著,刘进(译). 经济与社会[M]. 北京：华夏出版社,1989.

[74] 西里尔·E. 布莱克. 比较现代化 [M]. 上海：上海译文出版社,1996.

[75] 西里尔·E. 布莱克. 现代化的动力 [M]. 四川：四川人民出版社,1988.

[76] 英格尔斯(著),殷陆军(编译). 人的现代化——心理、思想、态度、行为 [M]. 成都：四川人民出版社,1985.

[77] 贝尔(著),彭强(译). 后工业社会 [M]. 北京：科学普及出版社,1985.

[78] 罗荣渠. 现代化新论——世界与中国的现代化进程 [M]. 北京：商务印书馆,2009.

[79] 何传启. 第二次现代化——人类文明进程的启示 [M]. 北京：高等教育出版社,1999.

[80] 何传启 . 中国现代化报告 2003——现代化理论、进程与展望[M]. 北京：北京大学出版社，2003.

[81] 何传启 . 中国现代化报告 2004——地区现代化之路 [M]. 北京：北京大学出版社，2004.

[82] 何传启 . 中国现代化报告 2005——经济现代化研究 [M]. 北京：北京大学出版社，2005.

[83] 何传启 . 中国现代化报告 2006——社会现代化研究 [M]. 北京：北京大学出版社，2006.

[84] 何传启 . 中国现代化报告 2009——文化现代化研究 [M]. 北京：北京大学出版社，2009.

[85] 何传启 . 中国现代化报告 2011——现代化科学概论 [M]. 北京：北京大学出版社，2011.

[86] 何传启 . 中国现代化报告 2013——城市现代化研究 [M]. 北京：北京大学出版社，2014.

[87] 何传启 . 如何成为一个现代化国家——中国现代化报告概要 2001—2016[M]. 北京：北京大学出版社，2017.

[88] 林恩 · 桑戴克（著），陈廷璠（译）. 世界文化史（上）[M]. 上海，上海三联书店，2005.

[89] 林恩 · 桑戴克（著），陈廷璠（译）. 世界文化史（下）[M]. 上海，上海三联书店，2005.

[90] 埃里克 · 霍布斯鲍姆（著），梅俊杰（译）. 工业与帝国：英国的现代化历程 [M]. 北京：中央编译出版社，2016.

[91] 张凌云，杨晶晶 . 滑雪旅游开发与经营 [M]. 天津：南开大学出版社，2007.

[92] 谭华 . 体育史 [M]. 北京：高等教育出版社，2009.

[93] 阿伦 · 古特曼（著），花勇民等（译）. 从仪式到记录：现代化体育的本质 [M]. 北京：北京体育大学，2012.

[94] 王广进 . 有闲阶级主导下的奥运会（1896—1936）[J]. 首都体育大学学报，2008，7（20）：27-29.

[95] 姜德福 . 社会变迁中的贵族——16—18 世纪英国贵族研究 [M]. 北京：商务印书馆，2004，135-143.

[96] 魏小平 . 美国国家公园管理体系研究 [D]. 兰州：兰州大学，2015.

[97] 张海霞 . 国家公园的旅游规制研究 [D]. 上海：华东师范大学，2010.

[98] 吴保光 . 美国国家公园体系的起源及其形成 [D]. 厦门：厦门大学，2009.

[99] 滕海建 .1964 年美国《荒野法》立法缘起及历史地位 [J] 史学集刊，2016.

[100] 沈亚男 . 罗斯福新政与美国现代化新模式 [D]. 兰州：西北师范大学，2010.

[101] 王博 . 中美旅游发展差异的比较研究——基于学术与互动的视角 [D]. 北京：北京体育大学，2013.

[102] 李新廷 . 欧洲国家现代化转型背后的挫折与磨难——基于英、法、德三国的考察 [J]. 安徽行政学院学报，2013（15）：105-108.

[103] 江宏飞 . 欧洲军事变革对欧洲一体化的影响 [D]. 上海：上海外国语大学，2009.

[104] 郭晶 . 二战前美国西部水资源的开发 [D]. 重庆：西南大学，2010.

[105] 王文杰 . 美国"再工业化"战略对中国制造业贸易竞争力的影响分析 [D]. 长春：吉林大学，2016.

[106] 蔚红霞 . 试论二战后美国政府的城市政策对城市发展的作用 [D]. 呼和浩特：内蒙古大学，2011.

[107] 景跃军 . 战后美国产业结构演变研究 [D]. 长春：吉林大学，2004.

[108] 陈红 . 美国大都市中心城市结构转型研究 1920—1970[D]. 长春：东北师范大学，2003.

[109] 隋笑宇 . 美国东北部城市的外来移民及其影响 [D]. 长春：东北师范大学，2012.

[110] 王潮海 . 美国高速公路建设及其对经济发展的作用 [D]. 长春：吉林大学，2003.

[111] 陈星 . 二战以后美国阿巴拉契亚地区开发研究 [D]. 南昌：江西师范大学，2015.

[112] 王忠伟 . 科技革命与国家的作用 [D]. 济南：山东大学，2005.

[113] 曹宪忠 . 后工业社会进程中的中产阶层研究 [D]. 济南：山东大学，2003.

[114] 阚四进 . 法国欧洲一体化政策研究 [D]. 北京：外交学院，2010.

[115] 赵胜军 . 民族主义和欧洲一体化关系的过程研究考察 [D]. 兰州：西北师范大学，2011.

[116] 沈瑞英 . 西方中产阶级与社会稳定研究 [D]. 上海：上海大学，2007.

[117] 论战后西欧社会民主党治国理政的经验与启示——以英、法、德、瑞四国为例 [D]. 北京：中央党校，2009.

[118] 赵贞 . 欧洲一体化启动阶段的美国因素分析 [D]. 济南：山东大学，2012.

[119] 罗素芳 . 马歇尔计划于法国现代化 [D]. 武汉：武汉大学，2005

[120] 李海龙 . 论马歇尔计划时期英美对欧洲一体化的政策 [D]. 济南：山东师范大学，2007.

[121] 李卫星 . 欧洲滑雪体育旅游的起源、现状和发展趋势研究 [J]. 北京体育大学学报，2013（1）：30–35.

[122] 阚军常 . 政府干预理论视域下大众滑雪运动发展研究 [D]. 长春：东北师范大学，2012.

[123] 李尚滨 . 冰雪运动的校园文化内涵及对大学生冬季体育生活的影响 [J]. 冰雪运动，2009（9）：78–81.

[124] 隋迎敌 . 论冰雪文化对我国冬季大众体育活动的影响 [J]. 冰雪运动，2001（3）：93–96.

[125] 安娜 . 我国冰雪运动现状与发展趋势探讨 [J]. 东北农业大学学报（社会科学版），2011（9）：124–128.